KB111435

탁월한 전략이 미래를 창조한다

경쟁을 초월하여 영원한 승자로 가는 지름길

탁월한 전략이 미래를 창조한다

리치 호워드 지음 | **박상진** 옮김

WHAT IS STRATEGY

진성북스
JINSUNGBOOKS

CONTENTS

제3장
영원한 승자가 챔피언이다　　　173

승리하려면 전략적 사고와 친구가 되자

:: 이제 '전략'이란 말은 일상용어가 된 지 오래다. 사람들은 다양한 분야에서 일을 더 잘하는 방법으로 '전략'을 말한다. 기업에서는 적어도 1년에 한 번은 전략을 세우고 보완하는 전략 기획 회의를 한다. 그럼에도 전략의 의미를 명확히 이해하고 올바로 실행하는 조직은 생각보다 적다는 연구 결과가 많다. 왜 그럴까?

우선 전략이 미래의 목적이나 목표에 초점을 맞춘, 만질 수도 없고 보이지도 않는 개념적인 용어이기 때문이다. 전략적 사고는 현재 주어진 일을 효율적으로 처리해 생산성을 높이는 가시적인 업무 관리와는 구별되어야 한다. '전투에서 이기고 전쟁에서는 진다'는 말은 이러한 상황과 중요성을 잘 표현하고 있다. 최선을 다한 업무 수행으로 단기적 성과를 올렸음에도 수년 후 막대한 실패로 이어지는 기업의 사례는 어떻게 설명하겠는가?

또한 적절한 전략을 세운다 해도 제대로 실천하기 어려울 수 있다. 전략은 경쟁우위를 확보하기 위한 방법으로 외부의 기회 요인에 대응하여 내부 자원을 효과적으로 배치하고 활용하는 데 있어 반드시 '선택'이 요구된다. 대부분의 선택에는 기회비용이나 상쇄관계(트레이드오프)가 수반된다. 즉, 하나를 택하면 상응하는 다른 하나를 포기해야 하는 것이다. 그래서 아무 선택을 하지 않기로 의사결정하는 것 역시 전략의 중요한 과정이다. 심리학자들은 인간이 심리적으로 손실 혐오(Loss Aversion) 경향이 매우 강하다고 한다. 비즈니스 세계에 비추어보면, 비록 더 큰 수익을 안겨 줄 미래의 대규모 고객이 있더라도 당장 눈앞의 일부 고객을 포기하기 어려운 이유가 된다. 따라서 트레이드오프의 선택 부재는 전략 실패의 원인이 된다.

이 책의 차별점과 독자가 얻게 될 혜택을 세 가지로 요약하면 다음과 같다.

첫째, 탁월한 전략가가 되는 데 필수적인 통합적 사고의 틀을 알려준다. 기업 경영에서 전략은 따로 떼어내 생각할 수 없다. 최근 전략과 관련해 활발히 논의되는 통찰력, 패턴, 시스템, 플랫폼, 비즈니스 모델에 대한 종합적 논의를 통해 전략 개발에 필요한 큰 그림을 보여준다. 이를 통해 독자는 더 높고 더 넓은 관점에서 비즈니스를 포괄적으로 이해하고 전략을 수립하는 데 실질적인 도움을 받을 수 있다.

둘째, 전략 수립과 실행에 있어 유의해야 할 세 가지 원칙을 명확히 설명한다. 전략의 개념을 이해하고 전략을 입안했다고 해서 전략이 실전에서 곧바로 시행되기는 어렵다. 전략 자체가 일련의 복잡한 프로세스로 이루어지기 때문이다. 우선 전략가는 통찰력을 키워야 한다. 자사, 시장, 고객, 경쟁사, 잠재 진입자, 공급자, 대체재, 보완재는 물론 무형의 요인들까지 관련 정보를 수집하고 분석하며 그 의미를 해석해야 한다. 이를 통해 기업의 차별화된 활동들이 서로 적합성(Fit)을 가지고 시너지 효과를 내며 자사만의 문화 속에 녹아 있는지 알아볼 필요가 있다. 나아가 시장에서 자사의 위치 설정에 따른 경쟁전략을 개발하고 모든 관리자가 전략을 이해하고 동참하도록 구성원들과 소통하는 법을 알려주는 것이 이 책의 핵심이다.

셋째, 현장에서 바로 활용가능한 다양한 도구와 프레임워크를 제시한다. 지금까지 나와 있는 책들이 전략의 중요성이나 개념에 대한 거대 담론을 잘 다루고 있음에도 막상 현장에 적용할 때 벽에 부딪힌 것은 실무에 필요한 구체적 접근과 도구가 부족했기 때문이다. 본서에 나오는 전략실행 방법은 매우 상세하고 실용적이다. 이를 효과적으로 활용한다면 비록 경험이 많지 않은 관리자라도 상당한 수준의 전략가로 성장하는 데 큰 도움이 될 것이다.

최고의 전략은 경쟁을 뛰어넘어 조직이 목적하는 방향성을 놓치지 않으면서 지속적인 성공을 이루게 한다. 경쟁은 피할 수 없지만 불필요한 경쟁은 가능한 한 줄이거나 신속히 끝내 자사의 피해를 최소화해야 한다. 그렇지 않으면 상처뿐인 승리만 남아 장기적으로 조직 발전에 큰 장애가 될 뿐이다.

손자(孫子)는 일찍이 "승리하는 군대는 먼저 승리를 만들어 놓고

탁월한 전략이 미래를 창조한다

전쟁을 한다(勝兵先勝而後求戰)"라고 했다. 전략의 중요성을 간파하는 말이다. 이 승리의 비책은 바로 차별화다. 새로운 고객가치를 창출하는 자사의 차별적 위치를 먼저 선점하고 경쟁자의 모방을 따돌리는 것이 기업전략의 본질이다. 이러한 면에서 본다면, 오늘날 초경쟁 시장환경에서 현명한 전략개발과 실천은 승리의 전제조건으로 아무리 강조해도 지나치지 않는다.

그러나 여기서 경쟁전략의 대가인 '마이클 포터'의 지적을 짚고 넘어갈 필요가 있다. 전략의 어원이나 기본 개념은 전쟁과 장군에 비유되지만 기업 전략은 큰 차이가 있다. 전쟁은 힘의 논리에 의한 제로섬 게임이지만 시장에서 절대 강자는 존재하지 않고 차별화된 유일무이한 기업이 승리한다는 점이다. 또한 전쟁에서는 적군을 직접 공격하지만 기업 간 경쟁은 상대 기업이 아닌 고객에게 가치를 제공함으로써 수익을 추구한다는 점이 다르다.

따라서 경쟁우위도 전쟁에서는 적군보다 더 강한 분야를 말하지만 기업의 경쟁우위는 특정 분야가 아닌 전체적인 가치사슬을 통해 나타나는 비용효율성(저비용)과 고가 판매(차별화)에 있다고 보고 있다. 결국 기업의 승리는 경쟁기업의 파멸이 아닌 자사의 장기적 투하자본이익률(ROIC)로 판가름 난다.

선진국으로 가는 길목에서 우리 기업은 다양한 도전에 직면해 있다. 글로벌 경쟁력을 갖춘 일부 기업을 제외하고, 핵심 기술의 모방과 기업 가치사슬 과정의 효율성으로 달성해온 품질대비 가격경쟁력이 후발국에게 잠식당할 위기에 처한 것이다. 그렇다면 해법은 무엇일까? 우선 기업의 전략이 바로 서야 한다. 창의적 인력자원 육성을 통한 혁신과 전략적 사고로 미래의 방향을 재설계할 필요가 있다. 혁신에는 통찰력이 요구된다. 충족되지 않은 고객의 니즈를 파악하고 그것을 채워 줄 새로운 가치를 창출하는 것이다. 전략은 새로운 가치를 고객에게 전하는 과정에서 내부자원을 효과적으로 배분하여 경쟁사와 차별화되는 가치 전달체계를 고안해야 한다. 앞으로 모방과 효율성만으로는 국제적 경쟁우위 달성이 어렵다는 사실을 기억해야 한다.

일반적으로 전략에 대한 논의는 매우 광범위하고 개념적이어서 일상적 업무에 시달리는 기업 관리자나 경영자가 충분히 배우고 익히기에 어려운 부분이 있었다. 그 결과 기업에서 전략은 외부 컨설팅 업체나 소수 전략기획 부서 담당자가 부분적으로 관리하는 수준에 머물 수밖에 없었다. 그러나 앞으로 기업의 글로벌 경쟁력을 높이기 위해서는 팀장부터 관리자, 경영자에 이르기까지 전략적 사고가 필요하다. 정기적이고 심도 있는 사내 전략교육이 절실한 실정이다. 나아가 전략 실행평가도 더 빈번히 구체적으로 이루어져야 구성원의 전략적 사고의 확산과 능력 향상을 기대할 수 있다.

처음부터 완벽한 전략이란 기대하기 어렵고 그렇게 할 수도 없다. 외부 환경적으로 보면 인구통계학적 변화, 사회경제적 변화, 기술 혁신에 따른 산업 변화는 항상 진행형이다. 내부적으로도 역량이나 능력이 발전하거나 잘나가던 조직의 업무 관행, 문화, 경영자의 타성이 조직 발전에 장애가 될 때 새로운 전략이 필요하게 된다.

루멜트 교수에 따르면, 훌륭한 전략은 하나의 가설과 같아서 전략의 실행은 자연과학에서 실행하는 실험과 비슷하다고 했다. 전략은 미래의 목적을 이루기 위한 방법과 활동 계획을 다루므로 하나의 가설과 유사하고 항상 지금보다 더 나은 전략이 나올 수 있다는 것이다. 외부 환경과 내부 능력을 얼마나 정확히 진단하고 분명한 미래 목표를 세워 우선순위에 따라 냉철한 자원배분을 하는가에 전략의 성패가 좌우된다. 전략의 성공 확률을 높이는 방법론을 공유해 독자를 탁월한 전략가로 이끌어주는 것이 이 책의 목적이다.

저자는 첫 장부터 헬리콥터를 등장시켜 전략과 결부시킨 이야기를 의도적으로 독자에게 던지고 있다. 전략이 제대로 개발되고 실행되려면 여객기를 타고 3만 피트 상공에 올라가 파란 하늘과 구름 그리고 산맥을 보는 것처럼 막연히 개념적으로만 접근해서는 안 된다는 것이다. 그렇다고 일상 업무에 얽매여 기업과 시장, 고객, 경쟁사 등을 아우른 큰 그림을 보지 못하는 것도 위험하다. 따라서 1,000피트 적당한 높이에 올라가 기업의 전체적인 방향을 유연하게 새빨리 파악하고 주요 활동의 세부 요인들도 동시에 관리하는 정신적 영민함(Mental Agility)이 필요함을 강조한다.

경영학의 대가 피터 드러커는 "미래를 예측하는 최고의 방법은 미래를 직접 만드는 것이다"라고 했다. 미래를 어떻게 만들어낼 수 있을까? 기업의 미래는 전략 경영에 그 답이 있지 않을까 생각해 본다. 그리고 그 출발점은 이 책이 주는 영감, 전략적 사고의 생활화에 있다.

옮긴이 박 상진

ELEVATE

서문

새로운 프레임을
열다

기업체의 CEO와 인재관리 책임자로부터 가장 많이 듣는
그들의 큰 도전 과제 중 하나는 바로 "관리자들의 사고방식을
더 높은 차원으로 끌어올려야 한다"이다.
그들은 관리자들이 일상적인 운영 수준의 낮은 전술적 단계에서
더 높은 수준의 전략적 단계로 사고방식을 신속히 끌어올릴 수 있어야 한다.

경쟁에서 승리하려면 더 높이 날아라

:: 휴즈사의 모델 269C 헬리콥터를 맨 처음 보았을 때, 거기에는 아무런 문도 없었다. 내 얼굴에서 당황한 기색을 읽은 교관 크리스는 "아쉽게도 문이 없어요. 안은 푹푹 찌고 말이죠." 라며 유감스러운 표정을 지었다. 곧 탑승하게 될 비행기에 문이 없음에도 안전벨트 지침서에 매우 유의해야 한다는 사실은 놀라운 일이었다. 우리는 60여 개의 비행 전 점검 항목(앞부분, 객실, 엔진 꼬리로터 등)을 빈틈없이 확인했다. 그리고 이 헬리콥터의 전부이자 두 개뿐인 좌석에 미끄러지듯 앉았다.

단지 지상에서 500피트 높아졌을 뿐인데 맑은 창공을 날고 있는 동안 시야에 비친 세상의 풍경은 이전과는 전혀 다르게 다가왔다. 도로 위의 교통 흐름부터 다른 지점과 우연히 만나는 도시의 외곽선 형태까지 볼 수 있었다. 지금까지 무심히 지나쳤던 빌딩 숲 속의 건물들이 저마다 개성을 뽐내고 있었다. 중심지와 떨어져 지면에서는 잘 볼 수 없었던 구획에 위치한 집들도 처음으로 시야에 들어왔다. 모든 장면이 이토록 멋지게 한눈에 펼쳐지다니!

"좋아요, 이제 당신이 이곳을 비행할 차례예요." 크리스가 말했다. 그는 사이클릭 스틱(헬기 위에 있는 로터 날개깃의 피치 각을 변경하여 주 로터 디스크를 기울이는 데 사용한다)을 마치 마티니 잔처럼 부드럽게 다루는 법을 나에게 상기시켰다. 마티니 잔을 조심하지 않고 거칠게 다룬다면 술을 엎지르게 된다. 사이클릭도 마찬가지 원리로 조금씩 부드럽게 움직여야 한다. 특정한 방향으로 로터 디스크를 기울이면 헬기는 그쪽 방향으로 움직인다. 동시에 발은 꼬리 로터 페달로 나는 작은 날개를 제어한다. 우리는 지금 공중에 정지 상태로 있으므로 꼬리 로터 페달은 헬기 앞쪽 방향을 제어하고 있다. 나는 비행기 계기를 점검한 다음, 주변 영공을 검색하여 다른 비행체나 높이 솟은 빌딩 혹은 복잡하게 얽힌 전기선 따위가 없는지 확인했다.

"우리가 불과 100피트 상공으로 비행하고 있다는 사실을 알고 있나요?" 크리스가 물었다. "아니요, 전혀 알 수 없군요!" 나는 놀랍다는 듯 대답했다. 밖에는 20노트의 바람이 불고 있어서 헬기의 흔들림이 심했다. 순간 100피트보다 훨씬 더 높이 올라온 것처럼 느껴졌다. 어느덧 불안은 점점 커지고 확신은 작아지고 있었다. "이제부터는 당신이 조종하는 게 좋겠어요." 나의 현명한 제안에 크리스가 흔쾌히 답했다. "물론이지요!"

헬기가 갑자기 오른쪽으로 기울자 나는 바람 빠진 풍선맨마냥 몸의 중심을 잃고 휘청댔다. 그러다가 겨우 의자의 아래쪽을 단단히

탁월한 전략이 미래를 창조한다

붙잡으며 구세주라도 만난 듯한 표정을 지었다. 그 모습을 지켜보던 크리스는 재미있다는 듯 씩 웃었다. 헬기 아래로 시골 풍경이 펼쳐지기 시작할 즈음 마음속으로 기도했다. "신이시여, 감사합니다! 안전벨트가 저를 살렸습니다." 이렇게 헬기 조종 교습은 끝이 났다.

이번 헬기 교습을 통해 많은 전문 지식과 준비 과정 그리고 능숙한 헬기 조종 기술이 필요하다는 사실을 알게 되었다. 나는 이러한 조건들을 갖추고 있지 않지만 교관은 완벽했다. 다양한 제어장치를 동시에 작동하고 비행기 계기장치(내부 조건)를 모니터링하며 공중 상황(외부 조건)을 평가함으로써 지능적인 비행 계획을 고안해냈다. 이 숙련된 능력은 성공적인 비행에 절대적으로 기여했다.

이러한 종합적인 능력은 비즈니스를 성공적으로 수행하는 데도 중요하다. 진정한 전략적 사고를 하는 기업의 리더는 다중적인 이행 계획을 동시에 관리한다. 사업의 내부 조건(인력, 프로세스, 문화 등)을 모니터링하고 외부 조건(마켓 트렌드, 고객의 니즈, 경쟁 환경 등)을 평가함으로써 목적과 목표를 달성하기 위해 전략적 계획을 실행한다. 두 경우 모두 높은 곳에서 바라보는 고도 상승(elevation)이 필요하다.

상승이란, 대상이 물체일 때는 건물의 엘리베이터처럼 물리적으로 들어 올리는 것을 뜻한다. 그리고 그 대상이 사람일 때는 당사자의 지적 수준을 더 높은 단계로 끌어올리는 상황을 의미한다.[1] 헬리콥터는 물리적으로 상당히 높은 곳까지 운송 대상을 이동시켜 주는 무척 정밀하고 민첩한 운송 수단이다. 비행기와 달리 헬리콥터는 지상으로부터 단지 몇 피트부터 최대 3만 6천 피트까지 올라가 한 군데서 오랫동안 맴돌 수 있다.

기업체의 CEO와 인재관리 책임자로부터 가장 많이 듣는 그들의 큰 도전 과제 중 하나는 바로 "관리자들의 사고방식을 더 높은 차원으로 끌어올려야 한다."는 것이다. 그들은 관리자들이 일상적인 운영 수준의 낮은 전술적 단계에서 더 높은 수준의 전략적 단계로 사고방식을 신속히 끌어올리도록 해주어야 한다. 이처럼 높은 수준에서는 사업상의 핵심 요인들을 어떻게 함께 조정하고 고객에게 어떠한 가치를 제공할 것인지를 이해하는 데 필요한 관점을 획득할 수 있다.

개인의 사고방식을 고차원적으로 전환하는 데 필요한 시간에 대한 압박은 기업에서 최저 성과를 내고 있는 64%의 관리자들이 잘 표현해 주고 있다. 그들은 "우리는 매일 일상적인 업무를 처리하는 데 너무 바빠 그 밖의 일은 상상조차 할 수 없다."[2]라고 이코노미스트 정보 유닛 조사에서 밝히고 있다.

헬리콥터는 고층 건물로 둘러싸인 도시와 같은 혼잡한 지역에서도 방향을 찾는 민첩성을 지니고 있다. 또한 다른 어떤 수단으로도 접근불가능한 산 정상 같은 험난한 지역에서도 타의 추종을 불허하는 융통성을 발휘하며 날 수 있다. 이러한 융통성은 응급의료 후송부터 군의 공습까지 다양한 기능으로 사용할 수 있도록 한다. 작가인 제임스 칠리스(James Chiles)가 쓴 것처럼 "날개가 달린 포유동물과 곤충, 모든 새 중에서 극소수만 공중에서 멈추고 전진할 뿐만 아니라 후진 기술을 연마해왔다. 그러한 비행 능력을 가진 동물은 극소수다."[3]

비즈니스 세계의 리더도 민첩성이 필요하다. 정신적 영민함(agility) 말이다. 이는 리더가 복잡한 정보(그것들은 이메일, 보고서 그리고 미팅을 통해 접하게 된다)를 뛰어넘어 명료하게 생각할 수 있도록 한다. 또한 성공을 앞당기거나 반대로 멀어지게 하는 선택이 필요한 트레이드오프(상쇄관계) 상황에서 제대로 의사결정할 수 있도록 한다. 두 경우 모두 상당한 리스크가 뒤따르기 마련이다.

▪▪ 전략이 성과를 좌우한다

리더가 전략 방향을 설정하기 위한 사고력 향상에 무능력하면 장기적으로 조직에 큰 악영향을 미칠 수 있다. 컨퍼런스 보드(비영리 민간 조사연구기구)의 연구에 따르면, 매출 하락을 경험하고 있는 상상기업의 70%에서 시가총액이 감소한다.[4] 추가적인 연구에서 이러한 매출 하락의 주 원인을 잘못된 전략적 의사결정이라고 보고 있다.[5] 조직의 성과 하락을 외부 요인 탓으로 돌릴 수 있다면 편하겠지만 기업의 70%나 되는 실패에 대한 책임이 전략적 의사결정의 오판 때문이라는 사실이 안타까울 뿐이다.[6] 다음은 그들의 조직적 침체에서 '역풍'에 대해 기술한 두 최고경영자의 말이다.

"우리는 2분기에 들어와 더 많이 언급하게 될 수많은 경쟁의 역풍에 직면하였다."[7]

- 텔리콤 CFO

"이처럼 안타까운 국면을 맞이하게 되어 슬프다. 우리는 모두 각자에게 주어진 성과를 달성하기 위해 열심히 일했지만 한동안 불어닥친 역풍은 현 상황을 최악(부도)으로 내몰고 있다."[8]

- 소매점 사장

만약 누군가가 좋지 않은 경제 상황이나 역풍을 형편없는 성과의 원인으로 탓하는 소리를 듣게 된다면, 웃으면서 그들에게 거울을 건네줘라. 잘나갈 때 신용을 얻고자 한다면, 일이 잘 안 풀릴 때도 기꺼이 책임지는 자세가 필요하다. 그리고 그러한 책임은 바로 당신의 전략과 함께 시작된다. 전 미국 재무장관인 폴 오닐(Paul O'Neill)은 "위대한 기업은 변명하지 않는다. 경제가 나빠서 잘하지 못했다는 변명이나 물가가 하락했기 때문이라는 핑계를 대지 않는다. 그들은 어떠한 경우에도 잘한다."[9]라고 말했다.

빈약한 전략적 의사결정이 이루어지고 이것이 기업의 매출 하락으로 이어질 때, 저성과는 보통 10년 이상 지속된다.[10] 불행히도 이러한 장기 침체는 부도로 이어질 가능성이 높다. 25년 간 750개의 부도 기업에 대한 연구를 살펴본 결과, 기업의 부도 이면에 자리한 핵심 요인은 바로 잘못된 전략이었다.[11] 일반적인 생각과는 달리 실패의 원인은 전략 자체의 결함에 있지, 전략의 미진한 실행 때문이 아니다. 따라서 탁월한 전략을 고안해내는 일은 아무리 강조해도 지나치지 않는다.

위대한 전략은 위대한 전략가에 의해 창조된다. 훌륭한 전략은 엑셀 스프레드시트나 정교한 파워포인트로부터 갑자기 싼 하고 나타나지 않는다. 위대한 전략은 전략적으로 사고하는 관리자와 경영자로부터 나온다. P&G의 글로벌 비즈니스 서비스 사장이자 CIO인 필리포 페서리니(Filippo Passerini)는 월스트리트 저널을 통해 다음과 같이 주장했다.

오늘날 적절한 시간에 적절한 장소에서 적절한 전략을 가지는 것은 더욱 중요해졌다. 올바른 전략을 세우는 일은 너무나 중요하다. 만약 현재의 전략이 잘못 진행되는 것을 안다면, 몇 개월 이내에 이를 수정하여 잘못된 상황에서 벗어날 수 있다. 과거에는 잘못된 전략을 파악하는 데만 수 년이 걸리기도 했다. 요즘은 기업이 잘못된 전략을 수행할 경우 3~6개월의 짧은 기간 안에 큰 어려움에 처할 수도 있다.[12]

대부분의 관리자들이 조직의 성공에 있어서 전략을 내재적인 고유 요인으로 파악하고 있다. 연구도 이러한 주장을 뒷받침해준다. 한 연구는 다음과 같이 결론맺고 있다. "전략은 기업의 성과에 중요한 영향을 미친다. 특히 기업의 성장과 수익성에 큰 영향을 미친다."[13] 다른 연구에서는 "전략이 성공하는 기업과 실패하는 기업의 차이인 수익성에 직접적으로 영향을 미친다."[14]고 결론짓고 있다. 조직의 비실증적, 실증적 성공에서 이처럼 전략의 중요성을 언급하고 있는 것은 결코 우연이 아니다.

조직의 실패는 전략의 미비에서 온다고 밝히고 있음에도 불구하고 전략 개발에 대한 사려 깊고 체계적이며 실제적인 접근은 잘 수행되지 않는다. 글로벌 최고경영자 2,000명 이상을 대상으로 한 조사에서는 각 기업에서 불과 19%의 관리자만 전략 개발의 명확한 프로세스를 보유하고 있다고 밝혔다.[15] 그리고 전략 개발 프로세스를 보유한 기업의 67%의 관리자들은 자신의 기업이 전략을 개발하는 데 있어서 열악한 환경이라고 답했다.[16]

확실히 관리자들은 전략에 있어서 '앎과 실천의 간극'을 좁히기 위한 실제적인 도전 과제에 직면했다. 대부분의 관리자들은 전략이 중요하다고는 알고 있지만 그들 중 소수만 전략을 효과적으로 실행하고 있다.

▪▪ 전략적 핵심 도전 과제 10가지

저자는 지난 10여년 간 세계 각지에서 전략적 사고를 위한 워크숍을 진행해 오면서 약 40개의 도전 과제들을 정리해 보았다. 이것들은 관리자들이 전략을 효과적으로 개발하고 소통하고 실행하는 데 있어서 많은 문제가 된다는 항목들이다. 25개의 기업에 근무하는 500명 이상의 관리자와 경영자들의 응답을 토대로 전략적 도전 과제로 가장 많이 손꼽은 항목과 그 비율을 정리했다.

표 1.1 전략의 도전 과제

도전 과제	응답 비율
1. 시간 부족	96%
2. 헌신하지 않는 직원들	72%
3. 우선순위 결정의 미비	60%
4. 현상 유지 성향	56%
5. 전략에 대한 이해 부족	48%
6. 전략적 사고의 도구와 훈련 부족	48%
7. 자원 배분 문제	48%
8. 임기응변식 일 처리	44%
9. 핵심 정보와 자료의 부족	36%
10. 회사의 불확실한 운영 방향	32%

1. 시간 부족 (96%)

전략의 도전 과제에서 가장 많이 언급된 부분은 바로 시간이다. 대부분의 관리자들이 많은 업무량을 정해진 업무 시간 내에 주어진 인력으로 수화해야 한다는 중압감에 시달리고 있었다. 매주 처리해야 할 많은 일들을 확인하고 실행하고 있지만 이러한 실행이 항상 성취로 이어지지는 않는다. 만약 개개인의 업무가 전략을 완벽히 지원하지 않는다면 단순한 업무 수행 자체가 목적이 되는 우를 범하게 될지도 모른다.

해야 할 업무가 너무 많을 때 관리자는 사업에 대해 전략적으로 생각하는 시간을 갖지 못하는 상황에 죄책감을 느끼게 된다. 결국 대부분의 성과 평가에서 '전략적 사고를 하는 데 충분한 시간을 할애하고 있지 못함'으로 밝혀진다. 그러나 처리해야 할 업무가 많으면 많을수록 전략적으로 사고하는 것이야말로 가장 먼저 해야 할 일이다. 일의 전략적 방향성이 잘못 설정되면 열심히 한 결과가 공염불이 되기 때문이다.

2. 헌신하지 않는 직원들 (72%)

많은 관리자들이 전략을 지원하고 실행하기 위해 직원들의 헌신을 이끌어내는 일을 성가시게 생각한다. 종종 '상대의 동의(Buy-in)'로도 언급되는 헌신은 몇 가지 이유로 문제가 될 수도 있다.

만약 전략 실행을 기대하는 사람이 헌신에 관심을 두지 않거나 이해하지 못한다면, 조직에서 헌신(책임감을 가지고 노력함) 자체가 존재하지 않는다. 하버드 경영대학원의 연구에 따르면, 놀랍게도 대기업 직원의 95%가 회사의 전략을 제대로 이해하지 못하거나 아예 그러한 인식조차 없다고 한다.[17] 이러한 결과는 소수의 최고경영자들만으로는 그 많은 관리자들을 모두 통제할 수 없다는 이유로 수용하기 어려울 수도 있지만 조직에서 그 비율이 얼마인지 아는 것은 무척 중요하다.

또 다른 문제는 헌신의 부족함인데 많은 직원들이 전략 이면의 요인과 전략 그 자체가 목표의 성취를 어떻게 돕는지 이해하지 못하기 때문에 발생한다. 23,000명의 직원들을 연구한 자료에 따르면, 단지 20%만 그들의 업무가 조직의 목표와 전략과 어떻게 관련되는지 이해한다고 한다.[18] 만약 조직의 리더가 전략이 존재하는 이유와 그 전략을 직원들의 업무와 연계시키지 못한다면 직원들로부터 자발적인 헌신을 기대하기는 힘들다.

3. 우선순위 결정의 미비 (60%)

관리자들이 리더십을 발휘하는 데 있어서 좌절감에 휩싸이는 가장 큰 원인은 업무의 우선순위를 효과적으로 관리하지 못하는 데 있다. 모든 사안이 중요하다고 판단한다면 과잉임무증후군을 초래하고 만다. 직원들이 업무를 수행하는 데 있어 우선순위를 명확히 설정해주지 않으면, 그들은 무슨 일을 먼저 해야만 하고 왜 해야 하는지 납득할 수 없어 혼란스럽기만 하다.

이러한 우선순위 결정의 부족은 직원들에게 너무 큰 결단력과 책임감을 부과하고 결국 책임 불이행으로 이어져 그들에게 좌절감을 가져올 뿐이다. 그것은 또한 전략 설정에서 상쇄해야 하는 일(어떤 것을 포기하고 다른 것을 선택해야 하는 것)을 달성하는 데 있어 적신호가 켜지게 한다. **좋은 전략은 트레이드오프**(trade-offs, 어느 것을 얻으려면 반드시 다른 것을 희생해야 하는 상쇄관계) **과정이 필요하다.** 이는 목표를 달성하는 데 기여하지 않는 활동을 걸러냄으로써 업무의 우선순위를 설정하는 데 도움이 된다.

4. 현상 유지 성향 (56%)

사회과학 분야의 많은 연구들은 사람들이 변화보다는 현상 유지를 선호한다는 결과를 보여준다.[19] 전략을 바꾸게 되면 자연스럽게 시간, 재능, 예산 등을 어떻게 투입할 것인가와 같은 자원 배분의 문제가 뒤따른다. 전략은 트레이드오프(상쇄관계)를 수반하기 때문에 특정 사람이나 부서가 자원을 얻게 되면, 다른 사람들이나 팀은 자원을 잃게 된다. 따라서 전략 변화에 따른 자원 상실이 예측되는 사람들이나 팀은 현재의 방식을 고수하며 자원을 계속 유지하려고 애쓰게 된다.

현상 유지 성향을 보이는 사람들이 보이는 흔한 인식 중 하나는 '못 쓸 정도만 아니면 그대로 쓰겠다.'는 사고방식이다. 과거에 성공을 경험한 그룹들에 새로운 전략을 요구하면 "우리가 성공으로 이끈 전략을 왜 바꿔야 하는가?"라고 반문한다. 그들은 시장의 트렌드, 고객이 추구하는 가치, 경쟁 상황의 변화가 현재의 전략을 더 이상 쓸모없는 것으로 만들 수도 있다는 점을 깨닫지 못한다.

두 번째 임기에서 스타벅스의 부활을 다시 견인한 하워드 슐츠 (Howard Schultz)는 다음과 같이 말했다. "우리는 현재 상태에 만족할 수 없다. 오늘날 회사 운영의 원리로 현재 상태를 받아들이기만 한다면 그 어떤 비즈니스도 죽음의 행진을 멈추지 못한다."[20]

탁월한 전략이 미래를 창조한다

5. 전략에 대한 이해 부족 (48%)

가장 잘나가는 기업에서조차 전략이 무엇을 의미하는지 혼동하는 경우가 많다. 아마도 전략이란 말 자체의 추상적인 특성 때문에 사람에 따라 의미하는 바가 다르기 때문일 것이다. 전략은 미션, 비전, 목적, 목표, 전술 등과 혼동되기도 한다.

그러나 만약 관리자들에게 전략의 보편적 정의를 이해시키지 못한다면, 또한 이에 대한 명확한 실례를 제공하는 데 실패한다면, 비효과적인 계획과 의사소통을 초래하고 말 것이다.

조직이 전략에 대해 얼마나 이해하고 있는지 살펴보는 한 가지 실험을 보자. 관리자 각자에게 빈 노트를 나누어 주고 전략의 정의를 예시와 함께 기록하도록 요청한다. 그다음 노트를 거두어 참석자들 앞에서 큰 소리로 내용을 읽도록 한다. 그리고 같은 의미로 정의된 노트를 한곳에 모은다. 결과는 어땠을까? 그들이 노트에 적은 전략에 대한 설명이 진정 전략이라고 할 수 있는 것들이었을까?

리처드 루멜트(Richard Rumelt) 교수는 이 실험 결과에 대해 다음과 같이 총평한다. "너무 많은 조직의 리더들이 전략이 없으면서 있다고 말한다. 하지만 할 일을 길게 늘어 놓은 이러한 목록이나 목표들은 절대 전략이 될 수 없다. 그것은 단지 해야 할 일을 적어 놓은 리스트에 불과하다."[21]

6. 전략적 사고의 도구와 훈련 부족 (48%)

다수의 관리자들은 전략을 심사숙고하지 않는다. 지금까지 전략적으로 생각하고 행동한다는 것이 어떤 것인지 배운 적이 없기 때문이다. 제약산업에서는 지난 수년 간 영업 간부들이 전략적으로 일할 필요가 없었다. 크게 성공한 비즈니스 모델로 인해 승리의 공식을 제공해온 다방문을 통한 영업 방법을 추구했기 때문이다. 하지만 의료 개혁, 관리의료의 지역 편차, 의료보험 정책의 변동, 그리고 책임의료기구(ACO)와 같은 의료산업의 변화는 그들을 트레이드오프 상황으로 내몰며 자원을 전략적으로 배분하도록 만들었다.

기업의 이사진과 부사장급의 고위 임원 중 90%가 유능한 비즈니스 전략가가 되는 데 필요한 훈련을 받지 않았다는 연구 결과가 발표되었다.[22] 해리스 인터액티브(Harris Interactive)가 154개 기업을 대상으로 한 연구에서 전략적으로 사고하는 사람은 단지 30%에 지나지 않는다는 결과는 놀라운 일이 아니다.[23]

고차원의 전략적 사고의 필요성에 대한 인식 차이는 CEO와 임원들 사이에서 종종 발생하곤 한다. 글로벌 조사에서 따르면, CEO의 28%만 팀에 전략적 사고 능력의 향상이 필요하다고 생각했다. 반면 CEO를 제외한 임원급의 경우 50% 이상이 전략적 사고 능력의 향상이 필요하다고 말했다.[24] P&G의 현직 CEO인 A. G. 래플리(A. G. Lafley)는 "오랜 시간 지속가능한 완벽한 전략은 아무 데도 없다. 거의 모든 산업에서 승리의 방법은 다양하다. 그렇기 때문에 조직에서 전략적 사고 능력을 키우는 것은 비즈니스 성공에 필수 사항이다."[25]라고 말했다.

7. 자원 배분 문제 (48%)

전략에 관한 한 사람들을 모두 같은 입장으로 몰아붙여서는 안

탁월한 전략이 미래를 창조한다

된다. 하나의 조직에는 여러 개의 부서나 팀이 존재하고 이들은 각기 다른 목표와 전략을 가지고 있기 때문이다. 때때로 다른 부서와 서로 조율하거나 협력하기도 하지만 그렇지 않은 경우도 많다. 조정이 잘 이루어지지 않으면 권력투쟁이 일어난다. 관리자들은 다른 팀들과 협력하지 않고 자기 팀의 중요한 일을 우선적으로 처리하려고 서로 대립하게 된다.

임원진과 이사회 사이에서도 불협화음이 나타난다. 어떤 조직에서는 전략 개발의 추진에 이사회를 이용한다. 또 어떤 조직은 이미 완성된 전략을 질의응답 하는 데 이사회를 활용한다. **임원진들에게 최적의 지적 교류 기회를 제공하고 적절한 기대치를 설정하는 일은 조직과 CEO의 성공에 있어서 무척 중요하다.** 1,000명의 임원들을 대상으로 한 설문 조사 결과를 살펴보면, CEO 지명에 있어서 성공을 가름하는 가장 큰 요인은 CEO와 이사회 간의 전략에 관한 조정에 있는 것으로 나타났다.[26]

8. 임기응변식 일 처리 (44%)

임기응변식 일 처리 의식이 조직 상층부에서 시작되는 것은 명백한 사실이다. 만약 관리자들이 그들의 상사가 자신의 사소한 업무 하나까지도 일일이 참견하려고 든다면, 그들도 이러한 행태를 취할 것이다. 이러한 일 처리 방식은 어느새 조직 문화에 스며들어 수동적이고 대충 일하는 습관을 만든다. 그러나 어떤 일을 처리하기에 앞서 매사 깊이 숙고하는 관리자는 임기응변식으로 일을 처리 하지 않는다. 실제로 이러한 관리자들은 일반적으로 그렇지 않은 그룹보다 더 생산적으로 일한다.

"그 일에 대해 생각해 봅시다."라는 말은 간단하지만 조직 문화에서 수동성을 타파할 수 있는 강력한 문구다. '긴급'이라고 표시된 이메일을 받거나 누군가 갑자기 경쟁사의 제품 홍보력을 뛰어넘을 수 있는 홍보 방법을 논의하자고 한다면 "그 일에 대해 생각해 봅시다."라고 말하라. 그리고 잠시 멈춰서서 이러한 상황이 목표 달성을 어떻게 돕고 전략적 초점을 지원할지에 대해 심사숙고하라. 그렇게 하면서 성공 가능성과 사업에 미치는 영향 그리고 필요한 자원을 파악하라. 이러한 분석 후에 만약 새로운 업무나 역할이 목표와 전략을 지원하지 못할 것으로 판단된다면, 현재 계획 중인 일들을 관련자에게 구체적으로 알려라. 긴급하고 돌출적인 업무 상황이 자원의 지원을 보장하지는 않는다.

9. 핵심 정보와 자료의 부족 (36%)

전략적 사고란, '경쟁우위를 차지하기 위해 새로운 통찰력을 지속적으로 생성해내는 능력'으로 정의할 수 있다. 그리고 통찰력이란, 새로운 가치를 창출하기 위해 두 가지 이상의 정보나 데이터를 독특한 방식으로 통합하는 것이다. 따라서 전략적 사고의 핵심은 '정보'와 '데이터'다. 이 둘은 고객에게 탁월한 가치를 제공하기 위해 새로운 접근, 새로운 방법, 새로운 해결책을 찾아내려고 독특한 방법으로 종합한 것이다.

이러한 이유로 자신의 업무와 관련된 핵심 정보와 데이터를 제공받지 못하는 관리자는 전략적 사고 능력을 발휘하기 어렵다. 하

연구에 따르면, 직원들의 62%가 그들에게 제공된 정보의 중요성을 제대로 파악하지 못한다고 한다.[27] 정보가 말해 주는 의미와 통찰을 제대로 이해하고 분류하고 공유하지 못하는 관리자는 목표와 목적을 성취하기 위한 전략을 개발하는 데 있어서 지속적으로 어려움을 겪게 될 것이다. 컨설팅 기업인 맥킨지(McKinsey & Company)의 연구에 따르면, 기업이 특정 사업 분야에서 수익성 있는 성장을 하고 있을 때 관리자가 직면하는 도전 과제는 전략적 통찰이었다.

새로운 전략적 통찰(자사 외에는 아무도 알지 못하는 어떤 것)은 경쟁우위를 차지하는 토대 중 하나다. 이는 기업이 다른 기업들과 구별되도록 하는 활동에 자원을 집중시킨다. 그럼에도 2,135명의 글로벌 임원들 중 단지 35%만 그들의 전략이 독특하고 강력한 통찰에 기초하고 있다고 믿고 있다.[28]

10. 회사의 불확실한 운영 방향 (32%)

기업과 사업부의 전략적 방향이 명확하지 않다면, 관리자가 전략을 구축하기란 매우 어렵다. 일부 조직에는 기업과 사업부가 각각 보유한 전략이 있지만 비밀로 관리된다. 확실히 이 비밀 유지 방침은 경쟁사들로부터 그들의 전략을 보호해 준다.

독점적 프로세스와 중요한 지적 자산을 보호하는 측면에서 전략을 숨기려는 의도는 어느 정도 이해가 간다. 하지만 전략이 목표와 목적을 이루는 방법이라고 볼 때, 직원들이 자사의 전략이 무엇인지 모른다면 완전한 참여와 자발적인 헌신을 이끌어내기란 불가능하다.

회사의 불확실한 운영 방향은 전략 개발 프로세스상의 문제를 가져오기도 한다. 회사는 "우리는 너무 바빠서 계획을 세울 시간이 없다." 혹은 "타당한 전략이란 무엇으로 구성되는지 알 수 없다."고 둘러대곤 한다. 저자가 500개 이상의 기업에 근무하는 관리자들을 대상으로 설문을 실시했다. "당신의 조직은 전략적인가?"라는 물음에 평균 점수는 45점으로 미흡했다. 이는 많은 기업들이 전략적인 측면에서 제대로 관리되고 있지 않으며 전략 수립과 실행에 있어서 표류하고 있음을 의미한다.

■: GOST 프레임워크를 이해하라

전략에 있어서 가장 핵심적인 도전 과제는 무엇이 전략이고 그것이 다른 비즈니스 계획과 관련된 용어와 어떻게 다른지 명확히 이해하는 데 있다. 전략에 대한 이해 부족이 단지 조직의 말단 관리자들의 문제라고 생각한다면 다음의 문장을 주시하라. 저자가 만났던 CEO들이 소위 전략에 대해 설명한 내용이다. 그러나 이는 결코 전략이 아니다.

- 우리 산업 분야에서 글로벌 리더가 된다.
- 고객 중심의 문제 해결을 위해 혁신한다.
- 우리의 시청자들을 성장시킨다.
- 핵심 사업을 강화하고 새로운 계획을 실행하며 비용을 절감한다.
- 신성장 기회로서 신규 시장에서 판매를 25% 신장시킨다.

그림 1.1 GOST 프레임워크

　예를 들어 보자. 목적, 목표, 전략, 전술이란 용어가 얼마나 자주 혼용되는지 알고 있는가? 저자는 일명 'GOST'(그림 1.1)라고 불리는 단순한 프레임워크를 만들었다. 이 프레임워크는 관리자들이 비즈니스 계획과 관련된 용어를 올바르게 이해하고 직원들에게 명확히 설명하는 데 도움을 줄 것이다.

목적은 표적이다. 그것은 무엇을 성취하고자 하는지 설명하는 포괄적인 용어다. 다음은 지역 영업 임원이 세운 목적의 실례다.

■ **목적** 우리 지역이 전국 영업경진대회에서 우승한다.

목표도 무엇을 성취할 것인지 설명한다. 그런데 목표는 목적과 달리 좀 더 구체적이다. 즉, 특정한 기간 내에 성취하고자 하는 대상을 말한다. 목표를 구체화하도록 돕는 데 사용되는 용어의 일반적인 약어는 'SMART'다. 즉, 구체적(Specific), 측정 가능(Measurable), 성취 가능(Achievable), 관련 있는(Relevant), 시간 설정(Time-bound)이다. 목표는 이러한 조건이 충족되어야 한다. 그리고 먼저 설정한 목적으로부터 직접 도출해야 한다. 다음의 예처럼 목표는 이전에 설정한 목적에 상응한다.

■ **목적** 우리 지역이 전국 영업경진대회에서 우승한다.
■ **목표** 올해 3분기까지 250만 달러의 매출을 달성한다.

지금까지 목적과 목표의 차이를 알아보았다. 이제 전략에 대해 살펴보자. 전략은 목적과 목표를 성취하기 위한 길이다. 전략과 전술은 목적과 목표를 달성하는 방법이자 자원을 배분하는 방법이다. 전략은 포괄적인 자원 배분 계획이며 전술은 전략을 실행하기 위한 구체적인 방법이다. 앞의 예를 사용하여 전략이 어떻게 목표와 목적을 달성하는 길로서 역할을 하는지 알 수 있다.

- **목적** 우리 지역이 전국 영업경진대회에서 우승한다.
- **목표** 올해 3분기까지 250만 달러의 매출을 달성한다.
- **전략** 현재 고객의 구매 점유율을 확장하는 데 영업력을 집중한다.
- **전술** 지역 영업 관리자가 영업 사원과 팀을 이루어 VIP 고객 5명과 약속을 잡는다. 자사 제품을 사용할 때 얻을 수 있는 종합적인 가치를 금액으로 환산한 시트를 준비한다. 자사 제품을 두 가지 이상 사용하는 고객 3명을 영상으로 촬영한다. 최신 태블릿 PC에 새로운 세일즈 시트와 준비한 영상을 저장하여 고객과의 미팅 때 프레젠테이션 한다.

당신의 관리자가 아직도 전략과 전술의 차이를 잘 이해하지 못한다면, '촉감의 규칙(rule of touch)'을 활용할 수 있다. 만약 손을 뻗어서 뭔가(셀 시트나 훈련용 DVD 등) 물리적으로 만질 수 있다면 그것은 전술이다. 전략의 개념은 수천 년 전 군대에서 시작되었다. 그보다 훨씬 더 과거로 거슬러 올라가 보면 중국의 장수이자 철학자인 손자(孫子)가 말한 데서 찾을 수 있다. "사람들은 내가 적을 치는 데 사용한 전술을 볼 수 있다. 그러나 그 누구도 위대한 승리를 가져온 전략은 볼 수 없다."[29]

흔히 전략은 장기간, 전술은 단기간이라고 말한다. 이러한 설명은 현실적으로 맞을 수도 있고 아닐 수도 있다. 3개월 안에 목적을 성공적으로 달성하도록 돕는 전략은 강력한 경쟁자를 막아내기 위해 수년 간 펼치는 전술에 비하면 짧은 기간이다. 전략과 전술을 구별하는 기준으로 시간을 사용하는 것은 일반적이지만 잘못 알려진 방법이다.

또한 우리가 단순히 물리적으로 접촉할 수 있다는 이유로 당연히 전술로 간주하게 되면 올바른 전략의 기준을 놓칠 수 있다. 지난 15년 간 저자가 검토한 수많은 비즈니스 계획을 보면, 전략은 모두 빠진 채 목적과 목표 그리고 전술만 열거되어 있었다.

그러나 만약 전략이 전술에 우선해 확정되지 않는다면, 일이 계획대로 진행되지 않을 경우 그 방향을 올바로 재설정할 방법이 없다. 제 아무리 성능이 좋은 자동차(전술)가 있다 해도 교량(전략)이 없다면 강을 건너 반대편에 도달할 수 없다. 이처럼 전략이 없다면, 어떤 불특정한 총알이 목표물에 명중하기를 바라면서 계속 새로운 전술을 장착하고 방아쇠를 당겨야 하는, 단지 전술만 있는 룰렛 게임에 빠지게 된다. 그러나 그러한 계획은 조만간 무용지물이 되는 것을 목격하게 될 것이다.

탁월한 전략이 미래를 창조한다

■■ 전략이란 무엇인가

전략은 고객 서비스에 있어서 경쟁사를 능가하는 기업의 독특한 활동 시스템을 통해 한정된 자원을 지능적으로 배분하는 것이다. 이 때 자원이란 시간, 재능, 자본 등을 말한다. 성공을 지속시키는 기회를 제공한다면 다양한 활동에 대한 전략을 구축하는 데 도움이 된다. 이들 활동은 경쟁사들과 차이가 있거나 그들과는 다른 방법으로 성과를 낼 수 있어야 한다.

성숙시장에 접어든 기업은 직접 판매, 제조, 공급망 관리(SCM)와 같은 기업 활동의 경우 산업 전반적으로 대부분 유사한 경향을 띤다. 하지만 이러한 활동에서 차별화된 방식을 찾는다면 고객을 위한 새로운 가치를 창출할 수 있다.

구직 사이트가 출현한 지 얼마 되지 않아 링크드인(LinkedIn)과 같은 사이트는 구직자와 구인자를 연결하는 우수한 네트워크를 만들었다. 이는 또한 컨텐츠 허브로 완전히 탈바꿈되었다. 현재 링크드인은 약 250만 명의 회원들에게 새로운 가치를 제공하기 위해 약 15만 명으로부터 자료를 받고 있다.[30] 그들은 구직을 지원하는 일반적인 일을 하고 있지만 그 일을 행하는 다른 방안을 고안해냈다. 즉, 고객을 위한 새로운 가치를 창출한 것이다.

아이디어의 차별성, 즉 경쟁사와 다른 방식으로 접근하는 것이 전략의 핵심이다. 물론 이렇게 말하기는 쉬워도 실행하기는 쉽지 않다. 4,000명 이상의 고위급 임원을 대상으로 한 설문조사에서 그들이 직면한 제1의 사업상 과제는 경쟁력 있는 차별화를 달성하는 것이라고 했다.[31] 관리자들이 성숙시장을 바라보고 자사와 경쟁사 제품의 차이가 없다는 사실에 대해 굴복하는 상황은 일반화되었다.

소수만 변화에 성공했다. 25,000개 이상의 기업 연구에서 **최상의 총자산수익률(ROA)을 장기간 달성했던 기업은 저가의 정책보다는 차별화 정책을 도입한 것으로 밝혀졌다.** 마이클 레이너(Michael Raynor)와 멈타즈 아메드(Mumtaz Ahmed)는 다음과 같은 연구 결과를 발표했다. "브랜드, 스타일 또는 신뢰성을 통한 더 큰 차별화를 바탕으로 구축된 경쟁적인 위치는 저가 정책으로 구축된 위치에 비해 훨씬 더 탁월한 성과를 이끌어낸다."[32]

스타벅스 CEO인 하워드 슐츠는 차별화에 대해 다음과 같이 설명했다. "첨단 기술의 회사나 커피 회사나 당신의 책임은 경쟁사 혹은 시장의 제품들과 차별화되는 제품을 제공하여 계속 고객을 신나게 만드는 것이다."[33] 이 책 다음에 제시될 '경쟁' 부분에서 경쟁우위에 대해 논의할 때, 이러한 결정적 영역에서 사고법을 연마하는 실질적인 도구를 사용하게 된다. 이때 차별화된 가치를 창출하는 방법에 대한 추가적인 통찰을 얻을 수 있다.

▪▪ 전략적 사고가 창조를 이끈다

당신이 이끄는 비즈니스는 아이디어에 기반을 두고 있다. 일상의 업무는 제품 설명회, 소비자 제안, 이사회 미팅, 그 밖에 수백 가지 일들로 변화무쌍하게 채워진다. 이러한 상황에서는 아이디어의 초점을 잃기 쉽다. 그러나 누군가의 마음에서 시작된 아이디어는 바로 당신의 아이디어일 수도 있다. 수 년이 지나면서 그 아이디어는 잠재 고객층이 기꺼이 구매할 만한 가치가 있다고 생각하는 제품으로 변형된다. 현금 흐름, 미수금, 지적 재산, 브랜드, 경력과 같은 모든 것은 아이디어의 산물이다.

그러나 아쉽게도 일상적인 활동이 가져오는 진통 효과에 의해 감각이 마비된 사람은 아이디어를 창출하는 능력을 상실하게 된다. 관리자들의 절반 이하만 자신들이 새로운 아이디어를 창출하는 데 있어서 효과적인 상태라고 믿고 있다.[34] 전략적으로 생각하고 새로운 통찰을 창출하는 능력이 방전되면 개인적·조직적 진보는 한계에 직면한다.

35개 기업의 리더를 대상으로 한 10년 간의 연구 결과를 보면, 성공의 부진에 대한 원인으로 꼽히는 문제는 바로 전략적 사고에 있었다. 연구 참가자 중의 한 사람은 다음과 같이 언급했다. "우리 회사의 최고경영층은 세밀한 곳에 지나치게 신경 쓰다가 그들의 전략적 관점을 잃어버리는 경향이 있다. 조직의 의사결정권자가 운영적인 업무보다는 전략적으로 사고하는 것이 주요 도전 과제다."[35]

단지 고위직 임원이라는 이유만으로 그들이 전략적 사고를 잘하는 사람이라고 단정할 수는 없다. 마찬가지로 누군가 하위직 관리자라는 이유만으로 그들이 전략적 사고에 취약하고 가치 있는 통찰에 기여할 수 없다고 추측해서도 안 된다.

직장에서 전략적 사고의 부진은 직원들이 관리자에게 기대하는 바를 거스르는 것이다. 조직에서 리더에게 가장 원하는 능력에 대한 두 가지 독립된 연구 모두에서 그들에게 가장 바라는 스킬은 바로 전략적 사고로 밝혀졌다.[36, 37] 시장, 고객 니즈, 경쟁사들의 상황은 하루가 다르게 변화하고 있다. 이처럼 빠르게 변화하는 세상에서 조직은 전략적으로 신속히 통찰하고 그러한 통찰을 고객을 위한 차별화된 가치로 전환할 수 있는 관리자를 찾고 있다.

그러나 심사숙고하여 폭넓은 해결책을 제시하지 않고 단순히 문제만 지적하는 관리자는 빛을 빠르게 잃고 만다. 그들의 공헌이 부족하다며 인력을 감축하고 있는 조직의 현실에서 더 이상 그들의 위치를 보장받을 수 없다. 저자가 1,160명의 관리자를 대상으로 한 '전략적 사고와 관련된 지식'에 대한 조사에서 평균 점수는 70점으로 나왔다. 대부분의 채점 등급에서 70점은 C등급이다. 이는 전략적 사고 능력을 더욱 향상시키고자 하는 이들에게는 개선의 여지가 충분히 있음을 보여 주는 정보이기도 하다.

마이클 버스한(Michael Birshan)과 자얀티 카(Jayanti Kar)는 결론 부분에서 이렇게 썼다. "우리는 전략의 시대에 진입하고 있다. 그러나 아직 모든 경영층이 잘 발달된 전략의 근육을 가진 기업은 드물다."[38]

순전히 전술적인 관리자를 전략적인 관리자로 바꾸는 데 도움을 주기 위해 저자는 전작인 『딥 다이브(Deep Dive)』에서 전략적 사고의 세 가지 핵심 원칙을 소개했다. 그 핵심 원칙은 다음과 같다.

- **감각**(Acumen) 핵심적인 비즈니스 통찰을 생성하도록 돕는다.
- **배분**(Allocation) 상쇄관계를 고려하여 자원에 초점을 맞춘다.
- **행동**(Action) 목적을 달성하기 위한 전략의 실행 능력이 필요하다.

이러한 간단한 프레임워크를 활용함으로써 관리자는 1년에 한 번 하는 연차 전략기획 프로세스가 아니라 매일매일 전략적으로 사고하는 방법을 체득하게 된다. 실제적으로 관리자는 이 세 가지 핵심 원칙을 일상적인 업무와 연계하여 다음과 같이 질문해 볼 수 있다.

- 이번 미팅에서 획득한 나의 핵심 통찰은 무엇인가?
- 목적을 달성하기 위한 전략에 기초하여 나의 시간, 재능 그리고 예산을 분배할 때 필요한 트레이드오프(상쇄관계)는 무엇인가?
- 나는 전략 실행 시 핵심 활동에 동참하고 있는가? 아니면 급하기는 하지만 별로 중요하지 않은 일에 매달리고 있지는 않은가?

세 가지 핵심 원칙인 감각, 배분, 행동은 관리자가 비즈니스를 전략적으로 이끌도록 돕는 수많은 전략적 사고의 도구들과 질문들을 포함하고 있다. 이러한 프레임워크로 수만 명의 관리자들을 훈련시킨 결과, 알 수 있는 사실은 프로그램이 끝날 무렵 전략적 사고에 대한 그들의 지식이 평균 30% 증가했다는 것이다. 이러한 관리자들은 지속적으로 전략적 사고의 핵심 원칙을 연마하고 더 큰 책임감을 느낀다. 따라서 그들의 다음 질문은 자연스럽게 '다음은 뭐지? 고위 리더로서 탁월한 전략가가 되기 위해 준비해야 하는 것은 뭘까?'가 된다.

현실 세계의 리더들은 이것의 필요성을 크게 외친다. 펩시콜라의 CEO인 인드라 누이(Indra Nooyi)는 "내가 볼 때 오늘날 CEO에게 가장 중요한 단 하나의 스킬은 전략적 영민함이다."[39]라고 말했다. USA Today가 KFC, 피자헛, 타코벨의 모회사인 염브랜드(Yum Brand)의 CEO인 데이비드 노박(David Novak)에게 물었다. "성공적인 글로벌 기업이 되기 위한 핵심 요인은 무엇입니까?" 그러자 그는 "전략적 사고를 하는 것이지요."라고 답했다.[40] 기업 이사회 조사에 따르면, 이사회의 매력적인 일원이 되기 위한 현직 CEO의 가장 중요한 특성은 '전략적 전문성'이었다.[41]

영업, 마케팅, 재무, 인적 자원, 정보기술 그리고 오퍼레이션과 같은 분야의 기능적 리더는 방대한 기술적 전문성을 그들의 직무에 적용한다. 그러나 그들에게 임원으로서 리더십이 요구될 때 그들의 기술적 전문성은 약소한 선불금에 불과하다.

최고 마케팅 책임자, 최고 정보 책임자, 최고 교육 책임자로 올라가면 그때부터는 비즈니스를 전체적으로 통찰하는 능력이 필요하다. 외부 고객은 물론 내부 고객을 위해 자신의 통찰력을 가시적 가치로 끌어올리는 시스템을 고안해내야 한다. 그러기 위해서는 기능적 관점에서 탈피해야만 한다. 「고위 경영층을 위한 새로운 길」이라는 표제의 논문에서 하버드 경영대학원 교수인 보리스 그로이스버그(Boris Groysberg)는 '조직의 최상위 위치에서 성공하는 리더에게 무엇이 요구되는가'에 대한 연구 결과를 발표했다. 그는 논문에서 다음과 같이 요약했다.

> 대부분의 기업 최고위 임원들에게 기능적이고 기술적인 전문성은 비즈니스의 본질과 전략을 이해하는 것에 비해 그 중요성이 떨어지게 된다. 우리의 연구 결과에 나타난 하나의 주제는 모든 고위 경영층의 업무에서 요구되는 핵심은 비즈니스 감각을 키우는 쪽으로 변화하는 것이다. 고위 경영자의 역할을 성공적으로 수행하기 위해서는 개개인이 훌륭한 의사소통자, 협업자 그리고 전략가가 되어야 한다.[42]

관리자들이 더 전체적인 관점에서 비즈니스의 근본적인 요소를 파악할 수 있도록 전략적 사고 능력을 고차원적으로 끌어올리기 위해 '그림 1. 2'와 같은 프레임워크를 개발하였다.

그림 1. 2 탁월한 전략적 사고의 세 가지 핵심 원칙

- **결합(Coalesce)** 혁신적인 비즈니스 모델의 창조를 위해 다양한 통찰을 결합한다.
- **경쟁(Compete)** 경쟁우위 달성을 위해 전략 시스템을 개발한다.
- **챔피언(Champion)** 전략 실행을 위해 다른 이들을 전략적으로 생각하고 실행하도록 이끈다.

　　탁월한 전략적 사고의 세 가지 핵심 원칙은 비즈니스 리더들에게 새로운 사고방식과 행동을 촉진하는 실제적인 도구를 제공한다. 따라서 이를 잘 활용하면, 전략적 리더십의 잠재력을 극대화할 수

탁월한 전략이 미래를 창조한다

있다. 프레임워크의 구성 요소가 핵심 원칙으로 간주된다는 사실은 그러한 요인들을 정복하기 위해서는 시간과 노력의 투입은 물론 헌신하지 않으면 안 된다는 것을 의미한다.

행동지향적 세계에서 우리는 사람들과 컴퓨터로 연결되어 있다. 일상에서 진정으로 생각할 수 있는 시간에 투자하는 것 그 자체가 도전 과제다. 반드시 참석할 필요가 없는 미팅에 참여한다든가, 미팅 시간 동안 수시로 이메일을 확인하는 것은 쉽다. 하지만 이렇게 핵심 원칙을 지키지 못하는 상황은 당신을 평범한 사람으로 옭아맬 뿐이다.

긴급한 사안을 처리하기 위한 쟁탈전을 할 때 분출되는 아드레날린은 무의미한 불꽃에 불과하지만 반복되면 중독된다. 비즈니스에 대해 혼자 조용히 30분 간 생각하며 보내는 시간보다는 훨씬 더 흥미로울 수 있다. 그러나 그러한 쟁탈선이 바로 당신의 생각과 행동 유형을 결정짓는 의사결정 방식이 된다. 이는 잘못된 핵심 원칙 혹은 핵심 원칙의 결여 때문일 수 있다. 그것으로 인해 자신의 경력을 제대로 쌓거나 단절시킬 수도 있다. 마찬가지로 비즈니스에 성공하거나 실패할 수 있다.

비즈니스에서 '3만 피트 관점'은 큰 그림을 볼 수 있는 충분한 높이에 이르는 상황을 설명하는 일반적인 문구다. 다음에 일반 여객기를 타고 3만 피트(약 9천m) 상공을 비행할 때 창밖으로 시선을 돌려 무엇이 보이는지 확인해 보라. 파란 하늘, 뭉게구름, 드넓은 벌판, 거대한 산맥 등이 보일 것이다. 너무 높은 상공이라 어떠한 사물도 자세히 볼 수는 없다.

헬리콥터를 타고 약 1,000피트(약 300m) 상공으로 올라가 보라. 그러면 새로운 관점에서 보는 즐거움과 함께 시야에 무엇이 보이는 지도 명확히 인식할 수 있다. 높이 올라갔기 때문에 빌딩, 집, 다리 그리고 도로는 더 흥미진진하게 펼쳐지고 각각 중요한 디테일까지 뚜렷이 보인다. 이 책에서 독자의 학습 내용을 강화시키기 위해 각 장의 끝에 '1,000피트 관점'이라는 핵심 내용을 요약해 놓았다.

자, 이제 버클을 채우고 전략적 사고법을 증강시키는 여행을 시작하자.

탁월한 전략이 미래를 창조한다

관리자가 직면한 전략적 핵심 도전 과제 10가지

1. 시간 부족
2. 헌신하지 않는 직원들
3. 우선순위 결정의 미비
4. 현상 유지 성향
5. 전략에 대한 이해 부족
6. 전략적 사고의 도구와 훈련 부족
7. 자원 배분 문제
8. 임기응변식 일 처리
9. 핵심 정보와 자료의 부족
10. 회사의 불확실한 운영 방향

GOST 프레임워크

- 목적: 무엇을 성취할 것인가? (일반적)
- 목표: 무엇을 성취할 것인가? (세부적)
- 전략: 어떻게 성취할 것인가? (일반적)
- 전술: 어떻게 성취할 것인가? (세부적)

전략은 한정된 자원을 유용하게 활용하여 자사만의 독특한 시스템으로 경쟁사를 뛰어넘는 성과를 내는 것이다.

전략적 사고의 세 가지 핵심 원칙

- 감각: 핵심적인 비즈니스 통찰을 생성하도록 도움
- 배분: 트레이드오프(상쇄관계)를 통한 자원에 집중
- 행동: 목적을 달성하기 위해 전략을 실행으로 옮기는 능력

탁월한 전략적 사고의 세 가지 핵심 원칙

• 결합: 혁신적인 비즈니스 모델의 창조를 위해 다양한 통찰을 결합한다.

• 경쟁: 경쟁우위 달성을 위해 전략 시스템을 개발한다.

• 챔피언: 전략 실행을 위해 다른 이들을 전략적으로 생각하고 실행하도록 이끈다.

탁월한 전략이 미래를 창조한다

WHAT IS STRATEGY

ELEVATE

제1장

통찰을 결합하라

전략은 한정된 자원을 효과적으로 배분한다는 의미이다.
한정된 자원을 배분하거나 재배분하는 과정을 통해 특정한 패턴이
드러나는 것은 불가피할뿐만 아니라 그만큼 중요하다.
플랫폼은 그 자체로 가치가 있는 것이 아니라 그 토대가 발전하는
시스템의 일부가 되어야만 진정한 플랫폼의 명성을 얻을 수 있다.

이질적인 구성 요소를 하나로 합치려면
과학과 예술의 융합이 필요하다

:: 1922년 1월, 오토자이로 비행기를 세계 최초로 성공시킨 시에르바(Juan de la Cierva)는 스페인 마드리드의 왕립 극장에서 〈돈키호테〉를 관람하고 있었다. 연극이 상연되는 동안 시에르바의 시선은 무대 위에 설치된 풍차에 고정되었다. 풍차가 돌아갈 때마다 날개가 미세하게 아래 위로 펄럭이는 모습에 흥미를 느꼈던 것이다. 풍차의 날개가 구부러지기 쉬운 삼나무 조각으로 만들어졌기에 가능한 일이었다.

사실 시에르바는 동체 꼭대기에 날개를 부착한 비행장치 모형을 제작하고 있었는데 난관에 봉착한 상황이었다. 그가 비행기 모형을 시험 운행할 때면 프로펠러의 날개 부분이 자꾸 오른쪽으로 돌아가는 문제가 발생했다. 모형 날개를 펄럭일 수 없는 딱딱한 재료로 만들어 전방을 저공으로 맴돌기만 하다가 전복된다는 사실을 깨달았다. 〈돈키호테〉를 보다가 순간적으로 발견한 새로운 사실이었다.

왕립 극장 무대에 설치된 풍차 날개처럼 펄럭임이 가능한 물질로 모형 날개를 만들면, 전진 날개는 위로 펄럭이게 된다. 그렇게 펄럭이는 힘으로 양력이 생긴다. 또한 후진 날개는 아래로 펄럭이게 되어 여분의 양력이 만들어진다. 시에르바의 번뜩이는 통찰력이 오늘날 모든 단일 주회전익(single main rotor) 헬리콥터 비행의 핵심 원리를 발견한 역사적인 순간이었다.[1]

시에르바의 발견은 통찰력의 본질을 제대로 포착한 상황을 보여준다. 두 가지 이상의 정보나 데이터를 독특한 방식으로 조합해 새로운 가치 창출로 연결하면 바로 통찰력이 된다. 경쟁우위를 차지할 만한 통찰력을 발휘하는 능력이 바로 전략적 사고다.

리더는 매일 제안되는 아이디어, 프로젝트, 전술을 접할 때마다 그것들이 새로운 가치를 창출할 수 있는 것인지 판별해야 한다. 그래야만 무의미한 활동을 걸러내는 데 필요한 막강한 여과 장치가 작동된다. 이를 통해 리더는 단지 무엇인가 하는 대신 왜 그것을 해야 하는지 더욱 면밀히 검토하게 된다.

탁월한 전략적 사고를 증진시키려면 통찰력이 필요하다. 거기에 더해 여러 통찰력을 한데 모아 차별화된 핵심 가치로 결합하는 능력도 필요하다. 뛰어난 전략을 고안한 전략가들은 결합하는 스킬을 분명히 갖고 있다. 스티브 잡스(Steve Jobs)에게는 컴퓨터, 음악, 통신산업에서 도출한 여러 통찰력을 결합하는 능력이 있었다. 그 덕에 애플(Apple)은 다수의 히트 상품을 개발해냈다. 이는 애플이 디자인, 통합 그리고 편의성을 프리미엄 브랜드로 간주되는 수익성 높은 제품 플랫폼으로 탈바꿈시키는 수단을 제공하였다.

전략은 주로 큰 그림으로 묘사된다. 어린 시절 즐겨 보았던, 점과 점을 연결하는 그림책 페이지를 들추어 보라. 한 페이지에 걸쳐 분포되어 있는 검은 점마다 숫자가 매겨져 있다. 번호 순서대로 검은 점을 연결해나가면 하나의 그림이 그려진다. 검은 점을 많이 연결할수록 더 온전한 그림이 완성된다.

전략을 개발하기 전에 먼저 통찰력(검은 점)을 키워야 한다. 그런 후에 의미 있는 연결로 전략을 완성해야 한다. 그래야만 개인이나 조직의 목적이나 목표를 성취할 수 있는 방법과 현재의 업무 상황을 한눈에 볼 수 있는 전체론적인 시각이 생긴다. 이제부터 검토해볼 여러 개념과 도구는 리더가 발휘할 수 있는 다양한 통찰력을 결합해 탁월한 전략을 구축하는 능력을 기우는 데 빈드시 필요한 것이다.

▞ 패턴을 알아야 전략이 나온다

패턴이란 "한 개인이나 단체 혹은 기관이 갖고 있는 특성, 행위, 성향 혹은 특징에 대한 믿을 만한 본보기"인 동시에 "구성 요소의 상호 연관성을 기반으로 한 일관성 있는 시스템"[2]이다. 예를 들어, 기상학자들은 기후 패턴을 발견하려 하고 메이저리그 투수들은 타자들의 타격 패턴을 알아내려 한다. 또한 체스 선수들은 상대방의 수를 파악하기 위해 패턴을 이용한다.

오늘날 우리는 수많은 과학기술의 발달로 패턴 인식 원칙을 기반으로 한 자기공명영상(MRIs)과 언어 인식 소프트웨어, DNA 염기서열 분석 등을 당연한 것으로 여긴다. 그리고 매일매일 글자와 소리를 조합한 특정한 패턴을 이용해 사람들에게 메시지를 전달하고 소통한다.

비즈니스 관점에서 볼 때, 우리 주변에는 수많은 패턴이 널려 있다. 기업체의 인력자원개발부의 고용 과정은 의도된 패턴이라고 볼 수 있다. 기업이 인사부의 고용 과정을 통해 특정 경험과 기술을 가진 인력을 일관되게 고용할 수 있기 때문이다. 반면 영업팀이 실적을 높이기 위해 연말에 펼치는 할인 행사는 의도하지 않은 패턴으로 볼 수 있다. 고객들이 연말 할인을 받기 위해 그때까지 구매를 유보하고 그 결과, 현금 흐름이 지연되어 기업 이윤이 줄어들기 때문에 의도하지 않은 측면이 있다고 보는 것이다.

지금까지 우리는 전략을 "기업이 자사의 목적과 목표를 성취하는 데 필요한 의사결정 패턴"[3]이라고 정의했다. 어떤 사람이 자신의 목적과 목표를 달성하려고 일에 착수하는 방법이 전략이라고 정의한다면, 이러한 표현은 실제로도 타당하다. 이상적으로 말하면, 경영자들이 전략적인 방향하에 내린 의사결정 패턴은 그들의 목적과 목표를 성취하는 길로 이어진다. 1971년 하버드 경영대학원 전직 교수인 케네스 앤드루스(Kenneth Andrews)는 저서인 『기업 전략의 본질(The Concept of Corporate Strategy)』에서 이렇게 설명했다.

기업의 이미지와 주된 특성은 일련의 전략적 의사결정으로 이루어진 패턴이라고 정의할 수 있다. 시기적절한 투자와 실행 결정을 통해 획득한 특정 목표는 이 패턴을 통해 승인된다. 또한 이들 결정을 효과적으로 만드는 데 필요한 자원 배분이나 재배분을 직접적으로 주관하는 것도 이 패턴의 역할이다.[4]

전략은 한정된 자원을 효과적으로 배분한다는 의미이기 때문에 한정된 자원을 배분하거나 재배분하는 과정을 통해 특정한 패턴이 드러나는 것은 불가피할뿐만 아니라 그만큼 중요하다. 200개 이상의 대기업을 대상으로 연구한 결과, 기업의 비즈니스 포트폴리오 내에서 급속히 성장하는 부분에서 이루어진 자원 배분이 수익 증대의 가장 큰 원동력으로 밝혀졌다.[5] 하지만 대다수 조직에서 자원 배분은 연간 계획을 수립하는 기간에만 일어난다. 그것도 1년에 단 한 번만 이루어진다.

이런 식의 자원 배분이 무슨 의미가 있겠는가? 경영자가 전략을 바꿀 수도 있지만 어느 한 프로젝트와 관련된 시간과 인력 그리고 예산을 재배분하는 일은 극히 드물다. 2년 전의 사업 계획과 올해의 사업 계획을 비교해 보라. 두 계획 사이의 차이가 어느 정도인가? "별다른 차이가 없다."는 답변이 돌아온다면, 이런 식으로 놓쳐버린 기회 손실의 잠재적 규모에 대해 설명한 또 다른 재배분 효과 연구 결과를 고려해 봐야 한다.

맥킨지(McKinsey)는 15년 동안 기업의 자원 배분을 추적했다. 그 결과, 분야에 상관없이 가장 적극적으로 자원배분 활동(평균 50% 이상의 자본)을 벌인 기업이 가장 소극적인 기업보다 약 30% 높은 주주수익률을 달성했다고 한다.[6]

돌파구가 없는 프로젝트와 비생산적인 전술에 갇힌 자원 탓에 많은 경영자들이 차기 연간 기획이 수립될 때까지 꼼짝 못하고 있는 실정이다. 때로 조직에서 이미 권력 누수가 일어난 상태에서 계획을 중단하는 것은 정치적으로 위험한 일이다. 물론 과오를 범했다는 사실을 감지할 때도 있다. 하지만 원인이 무엇이든, 리더가 매몰비용 효과(이미 쏟아부은 자원이 아까워 가능성 없는 사업에 계속 투자하는 것)를 전략적 사고라고 여기는 함정에 빠지면 그것을 지원하는 데 드는 비용은 점점 더 불어나게 마련이다. 그러면 기업뿐만 아니라 리더 개개인에게도 손실을 가져온다. 평균 재임 기간이 6년인 최고경영자들을 연구한 결과, 처음 3년 동안 자원을 최소한으로 재배분한 최고경영자들은 더 자주 재배분한 최고경영자들과 비교해 4~6년 안에 해고될 가능성이 높았다.[7]

전략이 부족한 리더는 접근 방식에 일관성이 없는 의사결정을 내리는 특징이 있다. 모든 의사결정이 그야말로 패턴 없이 무작위로 뒤범벅되어 있을 정도다. 자신의 전략적 접근 방식을 기회에 대응하는 것으로 묘사하는 리더들은 기회를 좋은 것이라고 믿는 경향이 있다. 이들은 고객에게 최대 가치를 제공하는 데 초점을 맞춘 패턴을 만들 능력이 없다.

만약 한 가지 기회나 계획에서 벗어나면 방향을 잃고 주변의 범퍼카들과 무작위로 충돌하는 느낌을 받은 적이 있다면, 패턴 없이 업무를 진행하는 접근 방식이 어떤 결과를 낳는지 제대로 이해한 것이다. 전략적으로 생각하는 사람들은 이러한 위험을 제대로 알고 있기에 업무를 이행할 때 패턴을 활용한다.

컬럼비아 경영대학원의 리타 맥그래스(Rita McGrath) 교수는 다음과 같이 패턴의 중요성을 강조했다. "오늘날 유능한 전략가들은 자료를 검토할 때 폭넓은 주제를 설정하기 위해 고급 패턴 인식을 활용해 직접 관찰하고 주변 환경 속에서 희미하게 감지되는 신호까지 해석한다."[8]

정기적인 자원 배분 활동에 필요한 견고한 패턴 개발은 단순히 운에만 맡길 수 없는 중대 과제다. 연구에 따르면, 생산적인 배분과 재배분 패턴의 일관성은 기업과 개인의 장기적인 성공을 예측하는 중요한 척도다. 다음은 하니웰 PMT(Honeywell PMT)의 최고경영자인 안드레아스 크램비스(Andreas Kramvis)가 제안한 몇 가지 실용적인 지침이다.

조직이 자원 재배분 활동을 취약한 분야에서 유망한 분야로 끊임없이 전환하기 위해서는 반드시 체계적인 운영 방식이 필요하다. 대부분의 기업은 회의와 업무 평가를 주기적으로 실시한다. 특히 과거의 실적을 확인하는 데 지나치게 많은 시간을 쏟고 있다. 지난달 실적은 어땠나? 지난해 실적은? 기업은 자원의 재배분을 실시간으로 처리하고 조직을 교육하고 핵심 능력을 키워 줄 수 있는 운영 체계를 도입해야 한다.[9]

고객, 경쟁 상황 그리고 시장 패턴을 식별하는 독자성은 최근의 비즈니스 환경을 분석할 수 있는 능력이다. 대부분의 경영자가 기능적 관점(예: 마케팅)이나 지리적 관점(예: 북동 지역)에만 초점을 맞춘다. 하지만 비즈니스 상황과 관련된 패턴을 알아내려면 전체적인 관점에서 비즈니스를 바라볼 필요가 있다. 패턴은 시간이 지나면서 지속적으로 개발된다. 그러니 새로운 패턴의 출현을 감지하려면 비즈니스를 계속 모니터링해야 한다. 패턴 탐지의 한 가지 방법으로 활동이나 동향의 조합을 식별하는 시기에 또 다른 관점으로 비즈니스에 대한 단편적 정보를 검토하는 방법이 있다. 여러 가지 업무 활동과 동향을 복합적으로 식별하는 데 필요한 이 방법을 활용하면 일련의 맥락 탐지(Contextual Radar)를 주기적으로 해 나갈 수 있다. 이러한 맥락 탐지를 통해 얻은 일련의 패턴을 검토해야 한다.

레이더(Radar: 전파 탐지기)는 무선 고주파를 이용해 대상의 표면으로부터 대상의 내부를 탐지해 위치와 속도, 여러 특징을 탐색하는 방법이다. 맥락 탐지도 이와 유사하게 비즈니스의 4대 요소인 시장, 고객, 경쟁사, 해당 기업에 대한 단편적인 정보들을 통합적인 시각에서 제공한다. 맥락 탐지의 중심에는 비즈니스에서 변화의 핵심이 되는 문제와 활동 내역이 포함되어야 한다.

'그림 2.1'~'그림 2.3'은 3분기 연속으로 탐지한 맥락 탐지 중 중요한 부분을 요약한 것이다. 맥락 탐지를 기본 틀로 삼아 기업의 여러 행사를 검토하고 기록했으며 패턴을 추출하기 위해 시간을 두고 만든 것이다.

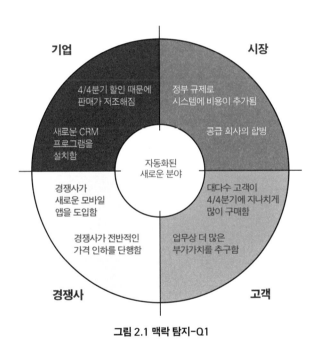

그림 2.1 맥락 탐지-Q1

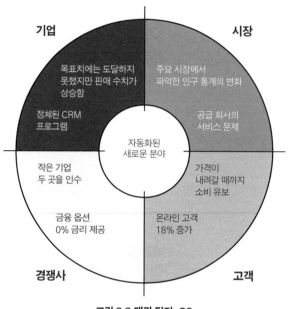

그림 2.2 맥락 탐지-Q2

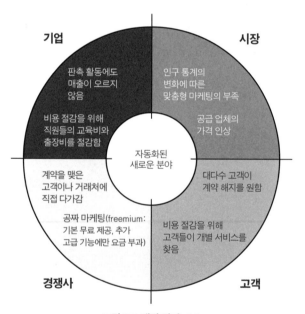

그림 2.3 맥락 탐지-Q3

표 2.1 패턴 탐지

기업	시장
4/4분기 할인이 한 해 판매에 영향을 미치고 고객이 그 시기까지 구매를 유보하도록 영향을 미침	공급 업체들의 합병으로 자사의 이익 감소
경쟁사	**고객**
저가 제품, 저금리 및 자동화로 인해 저가 시장을 목표로 포지셔닝	경쟁사들의 적극적인 활동으로 인해 고객이 더 큰 가치를 공격적으로 추구함

앞에 열거한 맥락 탐지를 검토한 후에 '표 2.1'과 같이 패턴 탐지를 이용해 패턴을 찾고 기록할 수 있다.

패턴 탐지는 장기간 획득한 비즈니스 통찰력을 의미 있는 패턴으로 전환하기 위한 토론의 장을 제공한다. 일단 이들 패턴을 탐지하고 구체적으로 기술하면 패턴의 의미와 영향, 자원 배분의 근거를 둘러싼 심도 있는 대화가 이루어질 수 있다. 패턴 탐지와 같은 장치가 없다면 심도 있는 검토 없이 즉각적인 반응 자체가 주된 처리 방식이 된다.

▪▪ 애플의 성공 비결: 시스템의 힘

큰 그림을 볼 줄 아는 탁월한 전략가는 해당 그림에 대한 각각의 요소들을 파악하고 있을뿐만 아니라 그러한 요소들이 어떻게 관련되어 있고 무슨 기능을 하는지에 대해서도 일가견이 있다. 이들 요소가 연관성이 있고 하나의 목적을 가질 때 우리는 그 전체를 뭉뚱 그려 시스템이라고 부른다. 시스템(system)은 그리스어로 '한데 모아 놓다'[10]라는 의미의 Synhistanai에서 유래되었다. 전략적 사고의 핵심 스킬은 이처럼 구성 요소들을 결합하거나 한데 모으는 데 있기 때문에 시스템의 개념은 전략적 사고를 이해하는 데 딱 들어맞는 말이다.

시스템의 본보기로 축구팀을 들 수 있다. 축구팀의 구성 요소로 선수와 코치, 심판, 공, 축구장을 꼽을 수 있다. 축구의 규칙과 팀워크, 전술 계획은 서로 관련이 있다. 승리나 신체단련, 자기만족, 생계 유지 등은 팀원들의 목적이 될 수 있다. 축구팀을 시스템으로 인식하는 것은 그것의 구성 요소나 연관성, 목적 중 한 가지라도 누락되면 그 시스템이 근본적으로 바뀌기 때문이다. 선수나 공(구성 요소), 규칙(연관성), 승점(목적) 중 하나라도 빠진다면 더 이상 축구 경기를 벌일 수 없다. 경험으로 보건대, 만약 리더가 시스템의 구성 요소나 그 효과 혹은 연관성 등에 대해 제대로 파악하지 못한다면 아마도 시스템을 구성할 수 없을 것이다.

과학자인 도넬라 메도우스(Donella Meadows)는 "시스템이란 사람, 세포, 분자 등 일련의 사물이 자기만의 행동 패턴을 창출하는 방식으로 서로 연관되어 있다. 즉, 구성 요소가 서로 연관되어 뭔가를 달성하는 방식으로 조직된 것이다."[11]라고 설명했다. 이는 앞서 설명한 패턴의 개념을 기반으로 한다. 시스템이 개발되면 구성 요소의 연관성을 기반으로 한 행동 패턴이 체계적인 방식으로 형성된다.

그래서 직원과 고객, 경쟁사, 주주를 포함한 비즈니스 전략을 시스템으로 보는 인식이 반드시 필요하다. 이 요소들 중 하나라도 바뀌거나 상호 연관성이 변화되면 비즈니스 과정은 근본적으로 변경될 수 있기 때문이다. 시장과 고객, 경쟁사, 자사를 제대로 고려하지 않는 전략 실무회의는 설익은 전략 계획만 양산할 뿐이다. 그렇게 되면 시스템은 변화의 압력을 감당하지 못하게 된다.

자사의 비즈니스를 구성하는 시스템을 제대로 이해해야만 장기적인 전략을 개발할 수 있다. 선선한 시스템은 성공으로 이어진다. 치포틀레(Chipotle: 유명한 멕시코 음식점)의 최고경영자인 스티브 엘스(Steve Ells)는 "치포틀레가 성공한 것은 부리토(burrito: 옥수수 가루로 만든 토티야에 콩과 고기 등을 넣어 만든 멕시코 요리) 때문이 아니다. 우리만의 시스템이 있었기 때문이다. 오랫동안 보관 가능한 신선한 현지 재료, 공개된 주방에서 고전적 방식으로 하는 요리 스타일, 유쾌한 환경에서 음식을 제공하는 세심한 배려가 바로 우리만의 시스템이다."[12]라고 말했다.

노키아(Nokia)의 최고경영자인 스티븐 엘롭(Stephen Elop)의 다음과 같은 탄식처럼 시스템이 부족한 사고는 비경쟁우위를 만들어낸다. "경쟁사는 모바일 폰만으로 우리의 시장점유율을 빼앗지 않았다. 그들은 완벽한 생태 시스템(Ecosystem)을 이용해 점차 시장을 점유해갔다."[13]

활동 시스템 지도(Activity System Map)는 해당 비즈니스에 적합한 시스템을 계획할 수 있는 유용한 훈련법이다. 이 방법을 활용하면 비즈니스 전략을 계획하는 데 필요한 핵심 구성 요소와 연관성이 이해를 돕는 시각적인 수단을 얻을 수 있다. 또한 비즈니스 전략과 활동 내역을 파악하고 둘 사이의 연관성을 분석한다면 단 한 장의 보고서로도 비즈니스를 제대로 이해할 수 있다.

활동 시스템 지도를 설계하려면 무엇보다 개인적인 관점에서 한 발 물러서서 더 높은 곳에서 비즈니스를 전체적으로 바라보며 전략적 구성 요소를 구체적으로 더 잘 이해해야 한다. 그런 다음 개념적 틀을 수집하고 비즈니스의 핵심 측면에 대한 역량과 상호 연관성을 식별하는 능력을 키워야 한다. 일단 활동 시스템 지도가 완성되면 비즈니스에 대한 명확한 그림을 간단히 획득할 수 있다. 이로 인해 비즈니스 리더들은 더욱 효과적으로 방향을 설정하고 자원을 배분할 수 있게 된다.

활동 시스템 지도는 큰 원으로 표현된 조직의 전략적 주제, 작은 원으로 표현된 전술 또는 개인의 활동으로 구성된다. 3~5개 정도의 전략적 주제만 있으면 비즈니스 전략의 중추를 다루기에 적당하다. 활동 시스템 지도는 전략과 전술 사이의 관련성을 강조하고 개개인의 전략적 주제와 전술을 명시하기도 한다. 두 원 사이의 굵은 선은 직접 지원을 나타내고 점선은 간접 지원을 나타낸다. 납품 업체, 고객, 직원들과 같은 구성 요소들을 결합하면 또 다른 차원의 지도가 만들어진다. '그림 2.4'는 애플의 활동 시스템 지도로 2차적인 연구를 기반으로 한 가상 샘플이다.

이 샘플에서 애플의 세 가지 전략적 주제인 디자인, 통합, 편의성은 3개의 큰 원으로 표현되었다. 이 세 영역은 제품의 차별화된 가치를 창출하기 위해 가설적으로 파격적인 자금을 지원받는 분야다. 마이크로프로세서 칩이나 지니어스 바(Genius Bar: 애플이 운영하는

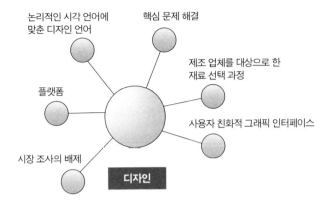

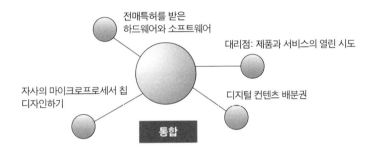

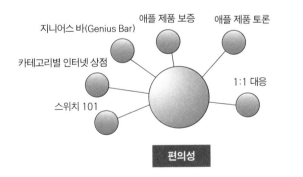

그림 2-4 애플의 가상 활동 시스템 지도

A/S숍), 광활한 온라인 상점의 설계와 같은 핵심 활동과 전술(작은 원으로 표시)은 애플의 전략적 주제를 능숙하게 지원한다.

하버드 경영대학원의 마이클 포터(Michael Porter) 교수는 시스템의 시각으로 비즈니스를 바라보면 다음과 같은 가치가 있다고 요약한다. "여러 활동으로 구성된 전체 시스템으로 인하여 경쟁우위가 성장한다. 여러 활동이 서로 조화를 이루면 상당히 비용을 줄이거나 경쟁사와의 차별성을 키울 수 있다. 나아가 개별 활동의 가치(협업 기술, 역량, 자원 등)는 시스템이나 전략으로부터 떼려야 뗄 수가 없다."[14]

▪▪ 플랫폼을 모방하지 마라

대부분의 리더들이 경쟁우위를 찾아 끊임없이 신제품과 서비스를 개발하다보니 마치 햄스터가 바퀴를 굴리는 경주에라도 참가한 것처럼 모두 지치는 상황이 벌어졌다. 신제품이 출시되자마자 모든 경쟁사가 곧 베껴내게 된다. 이들 경쟁사는 다양한 플랫폼을 고안한 애플을 부러워했다. 이러한 시기심은 머리를 맞댄 채 등 짚고 뛰어넘기를 하는 싸움과 같아 그들에게 손해를 끼칠 뿐이다. 플랫폼은 오랫동안 찾아왔던 만병통치약처럼 보일 수도 있지만 모든 이들을 위한 대안이 될 수는 없다.

먼저 조직의 외부를 돌아보고 주로 보완재(complementor)로 표현되는 다른 제품 및 서비스와의 연관 가능성을 포착할 필요가 있다. 플랫폼은 제품, 서비스, 기술 등으로 구성된 비즈니스의 기반이다. 이는 또한 다른 보완재로 만들어질 수도 있는 시스템이다. 공급자와 소비자를 연계해 주는 것이 플랫폼의 역할이다. 단일 제품이나 서비스로는 이러한 역할을 할 수 없다.

플랫폼은 그 자체로 가치가 있는 것이 아니라 그 토대가 발전하는 시스템의 일부가 되어야만 진정한 플랫폼이라는 명성을 얻을 수 있다. 예를 들어, 사람들은 엑스박스(Xbox) 같은 비디오 게임 콘솔을 플랫폼으로 생각한다. 엑스박스가 게이머(gamer)와 소프트웨어 회사 및 엔터테인먼트 기업을 포함해, 발전하는 시스템의 일부이기 때문이다. 게이머나 소프트웨어 회사가 없다면 엑스박스는 그 자체로는 아무 가치가 없다.

2000년 애플의 창업자인 스티브 잡스는 맥(Mac)의 운영체제를 사진, 비디오, 음악 등을 포함한 사용자들의 모든 컨텐츠에 적합한 디지털 허브로 구상했다. 이후 맥의 운영체제는 아이팟(iPod)이나 아이패드(iPad) 같은 개인용 기기로까지 발전했다. 또한 디지털 허브로서 클라우드(cloud)로까지 계속 변신에 변신을 거듭했다. 심지어 CVS(미국의 소매 운영 업체) 같은 회사조차도 순수 기술에는 관심도 없이 그들의 소매 아웃렛을 플랫폼으로 사용했다. 이를 기초건강관리(MInuteClinic), 사진 분야 그리고 광학 솔루션과 같은 상호보완 제품에 폭넓게 적용했다.

플랫폼 공급 업체들은 그들의 고객과 보완제품 개발자들을 끌어들여야 하는 문제에 직면했다. 그래야만 플랫폼이 성공할 수 있기 때문이었다. 다시 엑스박스 플랫폼으로 돌아가 보자 소프트웨어 게임 개발자가 게이머들이 주로 모바일 게임을 즐긴다는 것을 안다면, 엑스박스용 게임 개발에 투자를 줄이는 쪽으로 기울 수 있다. 엑스박스 같은 기기를 이용해서 할 수 있는 수준 높은 게임이 줄어들면 게이머들이 모바일폰이나 태블릿 같은 기기로 게임을 할 가능성은 더 커지게 된다. 이제 매출 하락은 예정된 수순이다.

이와 반대로 게이머들이 엑스박스로만 할 수 있는 최고의 게임이 개발되는 상황을 보게 된다면 엑스박스 플랫폼에 대한 게이머들의 충성도는 높아진다. 그것을 사용하는 게이머들이 많아질수록 해당 플랫폼을 개발하려는 게임 개발자들의 의욕도 커지게 마련이다. 게이머들이 한 시스템에서 다른 시스템으로 전환하는 데 드는 고가의 전환 비용(switching costs)에 덧붙여 이러한 네트워크 효과(network effect: 특정 상품에 대한 수요가 형성되면 이것이 사람들의 상품 선택에 큰 영향을 미치는 현상)는 플랫폼 공급 업체가 방어 장치를 만드는 계기가 되곤 한다.

세계 최대 비즈니스 인재 구인 사이트인 링크드인(LinkdIn) 같은 소셜 네트워크는 플랫폼으로 간주할 수 있다. 먼저 링크드인은 근로자들이 직무 전환 혹은 이직을 고려할 때 사용하는 경력 개발 시스템의 일부가 되었다. 그리고 트위터(Twitter)나 슬라이드쉐어(Slide-Share), 워드프레스(WordPress) 등과의 제휴를 통한 수많은 상호보완 제품이 지원되지 않을 경우 링크드인의 가치는 급격히 하락한다.

링크드인의 공동 창업자인 리드 호프만(Reid Hoffman)은 "소셜 네트워크 플랫폼은 7대 죄악(오만, 탐욕, 정욕, 노여움, 식탐, 시기, 나태) 중 한 가지를 활용할 때 가장 이롭다. 페이스북은 교만(ego), 징가

(Zynga)는 나태(sloth), 링크드인은 탐욕(greed)에 해당한다. 링크드인을 활용하는 사람은 자신의 경제적 운명뿐만 아니라 전문가로서의 수행과 경제적 우위를 개발하는 방법이 통제될 수 있다."[15]는 견해를 밝혔다.

기업이 핵심 제품이나 서비스의 차별화가 결여되어 있다는 사실을 너무 자주 망각하는 바람에 기성 상품들에 완전히 압도되어 있다. 결국 기업은 계속 생산 라인을 확대하지만 적자를 막는 데는 아무 소용이 없다.

『블루 오션 전략(Blue Ocean Strategy)』의 저자인 김위찬 교수와 르네 마보안(Renee Mauborgne) 교수가 실시한 연구에 따르면, 기업이 출시한 제품의 매출 중 생산 라인 확대로 발생한 비율은 86%에 달했다. 하지만 총이익에 대한 비율은 겨우 39%에 불과했다.

그런데 차별화된 신제품을 출시하여 14%의 매출을 증가시키자 이는 총이익의 61%에 달하는 엄청난 효과를 가져왔다.[16] 혁신에 대한 최근 3년 간의 연구에 따르면, 세계적인 소비재 제품 기업 중 단 13%만 획기적인 혁신을 이루어냈다고 한다. 저자들은 이렇게 결론지었다. "대다수 대기업이 새로운 카테고리를 생성하지 못하는 유일한 이유는 상상력 부족에 있다. 이는 그들이 오늘날 판매한 것 이상을 보지 못하는 무능력 때문이다."[17]

플랫폼 혁신의 풍부한 원천은 리더의 정신적 영민함(Mental Agility)에 있다. 리더는 제품이나 서비스를 공급하는 데 있어서 엄격한 사고방식에서 탈피해야 한다. 다른 한편으로 리더는 경쟁 기업보다 먼저 내고요 분사에서 자신만이 차안게를 개발할 수 있는 기회를 찾아야 한다. 서비스 보완재를 탐색하는 제조 업체(애플과 대리점들), 제품 보완재를 탐색하는 서비스 공급 업체(아마존닷컴과 킨들)는 기업의 성장에 다시 불을 붙일 수 있다.[18]

자동차 산업은 비용 대비 가격의 투명성이 커지고 배고픈 경쟁 업체가 증가하면서 이익이 줄어들고 있다. 많은 자동차 제조 업체가 금융, 보험, 품질 보증, 유지, 보수, 와이파이, 내비게이션, 위성 라디오 등의 서비스를 갖춘 자체 플랫폼을 개발하기 위해 열을 올리고 있다. 자동차 제조 업체가 이러한 플랫폼을 개발할 수 있다면 장기적인 이익 창출에서 열쇠를 쥐는 셈이다.[19] '표 2.2'는 서로 다른 비즈니스 플랫폼의 보완재를 나열한 것이다.

표 2.2 플랫폼 사슬

기업	고객	요구	주력 제품	차기 요구	보완재
애플	베이비붐 세대	모바일 컴퓨팅	아이패드(iPad), 맥(Mac)	개별화된 명령	직영 소매점
아마존	비즈니스 여행객	비즈니스 지식	온라인 매장	편리한 포맷	킨들 리더
타코벨	10대	배고픔	타코	독특한 맛	도리토스 맛 조개
링크드인	구직자	최적의 고용	직업상 인맥	지식 강화	비즈니스 컨텐츠

'표 2.2'의 세로줄 사이의 연관성을 분석해 보면 플랫폼을 활용하는 기회를 파악해 볼 수 있다. 현재 플랫폼이 하나도 없다면 어떤 식으로 '표 2.2'의 플랫폼 사슬을 변경하여 한 가지 플랫폼을 만들 것인지 생각해 보아야 한다. 만약 제조 업체라면 어떤 서비스를 자

사 제품의 보완재로 사용할 수 있을까? 만약 서비스 공급 업체라면 어떤 제품을 자사 서비스의 보완재로 사용할 수 있을까?

'표 2.3'은 넷플릭스(Netflix)에 적용된 플랫폼 사슬이다.

자사의 비즈니스가 플랫폼을 기반으로 하는지 혹은 그렇게 될 수 있을지 어떻게 알 수 있을까? 먼저 해당 비즈니스가 플랫폼 개발에 적합한 후보인지 명확히 알려면 다음의 플랫폼 사슬과 관련된 연습 문제를 확인해 보도록 한다.

1. 주요 고객을 명확히 세분화하라.
2. 세분화한 고객들을 충족시킬 만한 주요 니즈를 파악하라.
3. 고객의 니즈를 충족시킬 만한 주요 제품과 서비스를 기록하라.
4. 이러한 분야 내에서 이들 고객의 추가적인 니즈를 파악하라.
5. 고객의 추가적인 니즈(보완재)를 만족시킬 만한 해결책을 개발하라. 보완재가 없다면 제품과 서비스의 가치가 떨어진다.

표 2.3 플랫폼 사슬: 넷플릭스

고객	요구	주력 제품	차기 요구	잠재적 보완재
20~30대 남성	편리한 오락거리	DVD, 스트리밍	다양성 및 몰아 보기	오리지널 컨텐츠 전체 제공

＊스트리밍(streaming): 인터넷에서 음성이나 영상, 애니메이션 등을 실시간으로 재생하는 기법

▪▪ 비즈니스 모델을 구축하라

전략적 사고의 성배(聖杯)는 비즈니스 모델을 어떻게 제시
하는가에 달려 있다. 이는 차별화와 고객을 위한 가치를 창
출함으로써 동종 산업 내에서 독특한 위치에 자리매김하는
것이다.

– 샘 팔미사노(Sam Palmisano), IBM의 전 회장이자 CEO

기업의 토대는 비즈니스 모델에 있다. 비즈니스 모델이란, 조직
이 가치를 창출하고 전달하며 확보하는 방법에 대한 구조적인 설명
이다.[20] 기업이 처음 신규 사업을 시작할 때, 비즈니스 모델은 가장
뜨거운 관심을 받는다. 하지만 일단 사업이 시작되면 그것은 대체로
안중에도 없어진다. 사업체의 토대가 되는 핵심 구성체에는 점차 관
심이 떨어지고 판매와 예산에만 집중한다

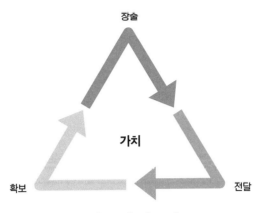

그림 2.5 비즈니스 모델

3년 이상 끊임없이 기존 비즈니스 모델을 혁신하고 개발한 기업은 동종 업계에 비해 약 7% 더 높은 주주수익률을 달성할 정도로 큰 성과를 보였다.[21] 『포춘(Fortune)』의 제프 콜빈(Geoff Colvin) 편집장은 비즈니스 모델에 대해 이렇게 기술했다. "비즈니스 모델의 혁신은 새롭게 갖추어야 할 핵심 역량이다. 이는 무척 어려운 과제이며 미래의 승자와 패자를 가르는 척도가 될 것이다."[22]

만약 어떤 기업이 꽤 잘 돌아가고 있다면, 비즈니스 모델이 존재한다고 볼 수 있다. 그리고 다음과 같은 질문을 던져야 한다. '최상의 성과를 보이는 비즈니스 모델은 어떻게 최적화되었는가?' 제대로 운영되지 못하는 기업이 있다면 그 원인은 주로 해당 비즈니스 모델의 균열 속에서 찾을 수 있다. 비즈니스 모델의 정의가 가치 창출과 전달, 확보에 주로 초점을 맞추었기 때문에 리더들은 이들 주요 요소를 충분히 탐색하고 이해해야 한다. (그림 2.5 참조)

비즈니스 모델 1단계: 가치 창출

　조직의 가치 창출 기반은 핵심 역량(core competencies)과 능력 (capabilities)이라고 할 수 있다. 핵심 역량과 능력을 혼용할 때가 많은데 이는 잘못 사용하는 것이다. 핵심 역량은 전문가의 가장 중요한 지식(기술) 분야에 해당된다. 대중적으로 인기 있는 저자인 게리 하멜(Gary Hamel)과 C. K. 프라할라드(C. K. Prahlad)는 핵심 역량이란, 조직이 집단 학습을 통해 지식, 스킬, 과학기술을 한데 모아 세계 최고 수준의 가치 창출 프로세스를 실행해 나가는 기량이라고 설명했다.[23] 간단히 말해 핵심 역량은 '당신이 알고 있는 것'이다.

　혼다의 엔진 디자인과 개발, 맥도날드의 음식 배달 시스템, 캐논의 광학 기술과 이미징(imaging) 기술은 핵심 역량을 올바로 사용한 예다. 핵심 역량은 단지 리더가 잘 아는 분야가 아니라는 사실을 명심해야 한다. 세계적인 기준에 맞추어 제품을 개발하고 실행하는 기량을 길러 주는 조직 속에 배태된 매우 중요한 지식이다. 자사의 핵심 역량에 대해 제대로 알고 싶다면 다음의 세 가지 질문을 깊이 생각해봐야 한다.

1. 조직이 소유한 기술과 지식은 어떤 분야에 속한 것인가?
2. 이들 중 현재 업계에서 두각을 나타내는 분야가 있는가?
3. 차별화된 고객 가치를 창출하는 분야는 무엇인가?

탁월한 전략이 미래를 창조한다

일단 핵심 역량이나 역량이 분명히 밝혀지면, 비즈니스 모델의 1단계에서 고안된 가치 제안에서 밝혀낸 가치를 전달하기 위한 능력이 확고해진다. 능력이란 특정 활동을 수행할 수 있는 조직의 잠재력으로써 가치 창출을 위해 자원을 활용하는 것을 뜻한다. 즉, 핵심 자원을 이용하여 관련 활동을 경쟁력 있게 수행하는 것이다. 리더는 전략을 성공시키도록 견인하는 활동을 통해 자원을 목적에 맞게 적절히 구성하여 활용해야 한다. 간단히 말해 능력은 리더가 할 수 있고 해야 하는 역할을 말한다.

POS(판매 시점의 데이터)를 분석한 월마트(walmart), 소프트웨어 개발자와 마케터를 연합한 이베이(eBay), 브랜드 경영을 도입한 제너럴 밀스(General Mills)는 능력에 대해 제대로 설명해주는 흔한 사례로 꼽힌다. 능력을 제대로 구별하다 보면 산더미처럼 쌓인 리더의 업무를 기록해야 하는 함정에 빠지기 쉽다. 그러나 능력은 기업의 경쟁력 있는 활동이라는 사실을 명심해야 한다. 내부 혹은 외부 고객을 위해 각 부서의 다양한 자원을 활용하여 차별화된 가치를 창출하는 활동말이다. 조직의 능력이 무엇인지 파악하려면 먼저 다음의 세 가지 질문에 답해야 한다.

1. 조직의 세 가지 최상위 능력은 무엇인가?
2. 이 세 가지 능력이 관련 자원과 활동을 경쟁력 있게 뒷받침하는 증거는 무엇인가?

일단 핵심 역량과 능력이 제대로 구별되면 가치 제안에서 분명히 설명한 고객 서비스에 이를 활용할 수 있다. 가치 제안은 고객이 왜 다른 제품을 제치고 자사의 특정 제품을 선택하는지 그 이유를 설명해 준다. 그렇다면 모든 조직의 리더들이 가치 제안을 효과적으로 활용할 것이라고 생각할 수 있다. 하지만 연구를 보면 그렇지 않다. 카플란(Kaplan)과 노턴(Norton)은 자신들의 연구를 통해 발견한 사실을 다음과 같이 기술했다. "우리의 연구에서 가치 제안에 대해 명확한 정의를 내리는 것이 전략 개발의 최우선순위임에도 경영진 중 3/4 정도는 이렇게 기본적인 개념에 대한 정의조차도 합의에 이르지 못했다는 사실을 발견했다."[24]

가치 제안은 다음의 네 가지로 나누어 볼 수 있다.

1. 누구에게: 제품 혹은 서비스를 제공받는 고객
2. 무엇을: 고객의 니즈 혹은 기업의 과제
3. 어떻게: 고객의 니즈를 만족시키거나 과제를 수행하는 방법
4. 혜택: 고객이 제품의 사용을 통해 얻게 되는 이득

가치 제안을 위해서는 먼저 특정 고객을 세분화하고 고객의 충족되지 못한 니즈나 기업의 과제를 파악해야 한다. 존슨(Johnson), 크리스텐슨(Christensen), 카거만(Kargermann)은 사람들의 과제 수행을 방해하는 네 가지 요인으로 부족한 자산, 접근 기회, 기술 그리고 시간을 꼽았다.[25] 주어진 과제를 제대로 수행하려면 먼저 이 네 가지 요인을 해결해야 고객의 미충족된 니즈를 충족시켜 주는 다양한 해결책이 제시될 수 있다.

이러한 과제/니즈 사고방식은 비전형적인 경쟁사와 대체 상품을 고려한다. 즉, 같은 기능을 수행할 수 있는 다양한 해결책을 고려한 것이다. 예를 들어, 거실 청소와 같은 과제를 수행한다면 다이슨(Dyson) 청소기부터 스위퍼(Swiffer: 일회용 물걸레), 룸바(Roomba)의 로봇 청소기에 이르기까지 혁신적인 대안을 다양하게 제공할 수 있다. 다이슨 청소기에 적절한 가치 제안은 다음과 같다.

다이슨은 중산층과 부유층 고객에게 특별한 진공청소기를 공급한다. 강력한 회오리바람을 일으키는 사이클론 기술로 만들어 별도의 먼지 통이 필요 없다. 이러한 제품 덕분에 청소 시간이 단축되었다. 이 제품은 속이 훤히 보이는 세련된 디자인이 특징으로, 카펫이 깔린 바닥이나 맨바닥 할 것 없이 먼지를 말끔히 청소해준다.

이 사례에서 우리는 다음에 기술한 프레임워크를 활용해 가치 제안 요소를 명확히 확인했다.

<u>다이슨</u>은 <u>중산층과 부유층 고객</u>에게 특별한 진공청소기를 제공한다.
기업　　　　　　　누구에게

<u>강한 회오리바람을 일으키는 사이클론 기술로 만들어 별도의 먼지 봉투가 필요 없는 제품</u>
어떻게

덕분에 <u>청소 시간이 단축되었다.</u> 이 제품은 <u>속이 훤히 보이는 세련된 디자인</u>이 특징이다.
혜택　　　　　　　　　　　　　　　　　혜택

<u>카펫이 깔린 바닥이나 맨바닥 할 것 없이 먼지를 말끔히 청소해준다.</u>
무엇을

자사 제품에 적합한 가치 제안을 개발하려면 먼저 다음의 요소를 고려해야 한다.

1. 고객

"모든 사람에게 맞는 제품은 없다"는 격언은 여기에도 적용된다. 모든 고객을 목표 고객(target customer)으로 설정할 수는 없다. 기업의 제품이나 서비스에서 최대 가치를 찾고 기업에 최대의 경제적 이득을 주는 고객을 대상으로 선정해야 한다. 아마존닷컴의 최고 경영자인 제프 베조스(Jeff Bezos)는 목표 고객에게 초점을 맞추는 것의 중요성을 이렇게 설명했다. "우리는 고객과 함께 시작하고 거꾸로 일하는 방식으로 혁신한다."[26] 전략가인 오마에 겐이치(Ohmae Keniche)는 베조스의 말에 이렇게 동조했다. "경쟁자를 상대로 자신을 시험하기 전에 먼저 고객의 가치 창출에 대한 투지를 구체화하는 쪽으로 전략을 수립해야 한다."[27]

2. 니즈/과제

만족시키지 못한 고객의 니즈나 조직의 과제를 깊이 숙고하면 제품이나 서비스에만 초점을 맞추는 당신의 사고방식에서 탈피할 수 있다. 대신에 새로운 가치를 제공하는 데 집중할 수 있다. 또한 고객의 요구를 잘 활용하면 수많은 리더를 만족시킨 현재의 접근 방식에 이의를 제기할 수 있다. 고객의 니즈를 자사 제품을 발전시키는 원동력으로 활용하는 것이다.

하버드 경영대학원의 전임 교수인 테오도르 레빗(Theodore Levitt)은 고객에 대해 이렇게 설명했다. "고객들이 제품에 부여한 가치는 고객 자신의 문제를 해결해 주거나 니즈를 충족시켜 주는 정도에 비례한다."[28]

3. 접근 방식

기업이 자사의 제품을 고객에게 제공하는 방식은 그들의 결정에 큰 영향을 미친다. 이는 매우 중요하다. 자사의 제품을 선택하면 다른 잠재적 선택으로는 획득 불가능한 가치를 확보할 수 있다고 알려 주는 것이기 때문이다. 시장에서 자사의 제품이 독보적인 위치에 자리매김함으로써 차별화된 가치를 전달할 수 있다. 다시 말해 접근 방식은 전략적 방향에 해당한다. 고객에게 제공하는 차별화된 가치는 기업이 자원 배분을 어떻게 하느냐에 좌우되기 때문이다.

다이슨은 접근 방식에 대한 자신의 견해를 이렇게 설명했다. "접근 방식의 근본 원칙은 당신의 방식대로 업무를 수행하는 데 있다. 다른 사람의 접근 방식은 중요하지 않다. 그래서 나는 순전히 나만의 접근 방식으로 독창성을 발휘했다. 그리고 그 독창성을 현재 존재하는 것들로부터 차별성을 가지는 하나의 철학으로 바꾸어가야한다. 비록 그것이 김빠진 시장을 재정립하는 접근 방식에 불과할지라도 말이다."[29]

4. 혜택

자사 제품을 사용할 때 획득가능한 혜택을 포함하는 것은 뻔해 보이지만 분명히 중요한 요소다. 자사 제품이 타사 제품과 비교해 고객이 결과적으로 얻게 되는 혜택은 무엇인가? 혜택은 일반적으로 품질(효과성), 편리성(시간 절약), 비용 절감 등 세 가지 범주로 나뉜다. 리더는 고객이 자사 제품으로 획득하게 될 혜택을 정확히 설명하고 계량할 수 있어야 한다. 가능하면 능률, 시간, 비용과 같은 용어를 사용해야 한다. 워싱턴 대학의 토드 젠거(Todd Zenger) 교수는 리더의 역할에 대해 이렇게 설명했다. "본질적으로 리더를 가장 짜증나게 하는 전략적 문제는 경쟁우위를 획득하거나 유지하는 방법을 찾는 것과는 관련이 없다. 물론 경쟁우위가 리더로서 분명히 초

탁월한 전략이 미래를 창조한다

점을 맞춰야 할, 전략상 중요한 부분이기는 하다. 그러나 새로운 방식으로 꾸준히 가치를 창출하는 것이 리더를 더 안달나게 하는 문제다."[30]

비즈니스 모델 2단계: 가치 전달

비즈니스의 핵심은 가치 전달 시스템에 있다. 일단 가치 제안에서 설명한 대로 가치를 창출하는 방법을 결정했다면 가치를 전달하는 방법을 정해야 한다. 비즈니스 모델의 전달 단계는 가치 사슬로부터 시작한다. 가치 사슬이란, 조직이 고객에게 가치를 전달하는 것을 시가적으로 보여주는 유용한 도구다. 가치 제안이 외부 관점인 고객의 눈으로 가치를 보는 깃인 반면, 가치 사슬은 내부 관점인 조직의 눈으로 가치를 보는 것이다. 가치 사슬은 도표를 이용해 사업 단위(business unit)를 상세히 묘사한다. 사업 단위란, 설계부터 생산, 마케팅, 판매, 서비스 제공에 이르기까지 고객을 위한 조직의 역량(자원 및 활동)을 배열한 것이다. 하버드 경영대학원의 마이클 포터(Michael Porter) 교수는 저서인 『경쟁우위(Competitive Advantage)』에서 가치 사슬에 대해 이렇게 설명했다. "가치 사슬은 원가 행태와 차별화의 잠재적 원인을 제대로 이해하기 위해 기업의 전략적 활동을 조각조각 나눈 것이다. 이렇게 의미 있는 전략적 활동을 경쟁사보다 더 저렴한 비용으로 더 훌륭히 수행하면 그 기업은 경쟁우위를 점할 수 있다."[31]

일단 핵심 역량과 능력, 가치 제안이 명확해지면 가치 사슬을 설정할 수 있다. 그리고 이 가치 사슬을 이용해 고객에게 가치를 전달하는 과정을 시각화할 수 있다. 가치 사슬은 기업이 어떻게 활동하는지 묘사한다. 원자재나 자원을 투입하여 고객을 위한 재화와 용역으로 구성된 산출물로 탈바꿈되는 과정을 한눈에 보여준다. 가치를 활동으로 분해하면 재화와 용역의 차별화된 가치에 가장 큰 기여를 한 분야가 무엇인지 밝혀진다. 만약 시장의 경쟁사들이 모두 유사한 역량을 갖고 있다면 자사의 가치 사슬 안에서 조직의 활동 배열을 변경하면 때때로 이득을 볼 수 있다. 경쟁사들이 자사의 비즈니스 요소(특징과 속성을 포함한)를 모방할 수 있다고 해도 그 회사에만 적합한 특정 순서로 고객에게 가치를 전달하는 자사의 활동을 모두 모방하기는 어렵기 때문이다.

'그림 2.6'은 경영진을 대상으로 하는 교육산업의 일반적인 가치 사슬이다. 이 가치 사슬에는 창출, 설계, 마케팅, 전달, 지원 등 다섯 가지 주요 활동이 포함된다. 경영진에게 비즈니스 교육을 제공하는 데 필요한 서로 다른 접근 방식을 강조하기 위해 세 가지 사례가 제공되었다. 이 사례는 세분화된 특정 고객에게 특별한 가치를 제공하려면 자사의 여러 활동을 설정할 때 다양한 방식을 활용해야 함을 보여준다. 현지 기업 부서에 맞추어 제작한 컨텐츠부터 좀 더 일반적인 컨텐츠를 직접 전달하는 것까지 사실상 고객 맞춤형 제품을 다양하게 제공한 것이다.

각기 다른 고객의 마음을 사로잡으려면 고객의 특정 니즈와 예산을 기반으로 한 다양한 접근 방식이 필요하다. 본질적으로 가장

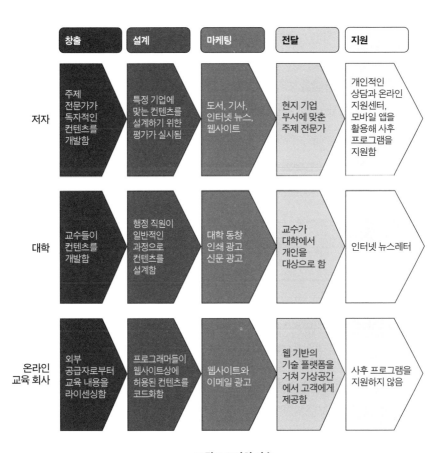

	창출	설계	마케팅	전달	지원
저자	주제 전문가가 독자적인 컨텐츠를 개발함	특정 기업에 맞는 컨텐츠를 설계하기 위한 평가가 실시됨	도서, 기사, 인터넷 뉴스, 웹사이트	현지 기업 부서에 맞춘 주제 전문가	개인적인 상담과 온라인 지원센터, 모바일 앱을 활용해 사후 프로그램을 지원함
대학	교수들이 컨텐츠를 개발함	행정 직원이 일반적인 과정으로 컨텐츠를 설계함	대학 동창 인쇄 광고 신문 광고	교수가 대학에서 개인을 대상으로 함	인터넷 뉴스레터
온라인 교육 회사	외부 공급자로부터 교육 내용을 라이센싱함	프로그래머들이 웹사이트상에 허용된 컨텐츠를 코드화함	웹사이트와 이메일 광고	웹 기반의 기술 플랫폼을 거쳐 가상공간에서 고객에게 제공함	사후 프로그램을 지원하지 않음

그림 2.6 가치 사슬

뛰어난 단 하나의 접근 방식은 없다. 각기 다른 가치가 한데 어우러져 차별화된 접근 방식이 탄생한다. 어떤 경영진은 현재의 비즈니스 문제를 해결하는 데 필요한 지식과 기술을 실질적으로 적용하기 위해 해당 기업의 본사에서 자신의 부서원들만 별도로 학습하기를 선호한다. 또 어떤 경영진은 일류 경영대학원에 소속된 신분을 활용해 새로운 사고를 자극할 목적으로 다른 업계의 경영자들과 함께 학습하기를 바란다.

대다수의 경영진들은 인터넷으로 필요한 지식과 기술을 배우는 것을 여전히 선호하는 편이다. 앞서 설명한 두 방식에 비해 극히 저렴한 비용으로 학습이 가능하기 때문이다. 비즈니스에 가치 사슬을 잘 활용하면, 목표 고객의 니즈에 적합한 핵심 역량과 능력을 기반으로 한 최적의 접근 방식을 확보할 수 있다.

채널은 비즈니스 모델의 전달 단계의 마지막 측면에 속한다. 고객이 기업의 제품을 획득하는 접근 지점(access point)이 바로 채널이다. 채널은 제품과 사용자를 연결하는 통로 역할을 한다. 효과적인 채널을 선택하면 고객은 자사의 제품을 쉽게 접하거나 구매할 기회를 갖게 된다. 반면 형편없는 채널을 선택하면 잠재 고객은 자사의 제품을 쉽게 접하지 못하게 된다. 그렇게 되면 아무도 해당 기업의 제품을 구매하지 않을 것이다. 세상에는 비즈니스의 버뮤다 삼각지대(버뮤다, 플로리다와 푸에르토리코 사이의 대서양 지역. 배와 항공기들이 이유 없이 사라지는 곳으로 알려져 있음)로 사라져버린 훌륭한 제품과 서비스도 얼마든지 있다. 채널을 제대로 운영하지 못해 생긴 비극적인 결과다.

미쉐린(Michelin)의 팍스(PAX) 시스템은 형편없는 채널 선택을 한 사례다. 펑크가 나면 쓸모 없는 기존 타이어와 달리 혁명에 가까운 런 플랫(run-flat: 펑크가 나도 주행이 가능함) 팍스 타이어는 시속 80km로 약 200km를 주행할 수 있는 제품이었다. 1992년 미쉐린이 이 타이어를 개발할 당시 50년 전 도입된 레이디얼 타이어와 같은 인기를 기대했다. 미쉐린은 이 타이어를 개발하려고 수년 간 막대한 자금을 쏟아부었다. 그리고 팍스(PAX)라는 상표로 출시했다.

1997년 마침내 팍스 타이어가 출시되었지만 소비자들은 이 제품을 구매할 수 없었다. 타이어는 원래 자동차의 컴퓨터 시스템에 연결되어 있다. 그런데 팍스 타이어를 수용할 수 있게 설계된 자동차가 없었던 것이다. 자동차의 컴퓨터 조정 시스템은 신차를 설계할 때만 추가할 수 있었으므로 미쉐린은 제조 업체가 설계를 개방할 때까지 기다려야만 했다. 그 당시 자동차 제조 업체가 자동차의 설계를 대량 생산하는 쪽으로 바꾸려면 평균 3~5년이 걸렸다. 혹시 운좋게 특정 자동차 모델에 이 팍스 타이어가 장착된다고 해도 3~4년은 지나야 대량 판매를 기대할 수 있는 상황이었다. 게다가 미쉐린은 처음에 극히 제한된 자동차 모델만 설계 주기를 선택할 수 있도록 조정했기 때문에 이 타이어를 원한 사동차 업체는 극히 소수에 불과했다.

미쉐린은 채널을 배열할 때, 다른 중개업자를 염두에 둘 필요가 있었다. 최종 고객이 의기양양하게 직접 구매 결정을 내리기 전에 미쉐린의 사업 성공 가능성을 가늠해 줄 중개인이 필요했다. 특히 정비 업체는 새로운 장비의 구매와 교육에 투자할 필요가 있었다. 그리고 판매상들은 팍스 시스템을 제대로 파악하고 지원했어야 했다. 미쉐린의 팍스 타이어는 출시된 지 10년도 더 지난 후인 2000년대 중반에 판매된 극히 소규모의 차량에만 표준 장비로 장착되었다.

비록 미쉐린의 런-플랫 타이어가 상업적인 채널에서는 기를 펴기 못했지만 방사 시장에서는 성공을 거두었다. 미 육군 스트라이커

(Stryker) 부대의 수송기 같은 차량의 대안용으로 사용되었다. 중개인 수는 줄고 구매자들은 밀집되어 이익이 더 큰 것처럼 인식되었다. 때문에 군대를 채널로 선택한 것이 안성맞춤인 듯 보였지만 기껏해야 단기적인 이익에 불과했다. 미쉐린의 팍스 시스템은 한 가지 채널만 염두에 두고 사업을 펼치는 것이 얼마나 위험천만한 일인지 상기시키는 사례다.

기업의 제품에 적합한 잠재적 채널로 직접적인 옵션(인터넷, 판매 조직, 소매점)과 간접적인 옵션(제조 업체의 판매 대리인, 도매업자, 외부 대리점)을 꼽을 수 있다. 채널을 적절히 혼합하려면 고객이 기업의 제품, 내부 능력, 판매 목표치, 최소 이윤, 서비스 수준에 대해 어느 정도 알고 있는지 반드시 고려해야 한다. 다음의 세 가지 질문을 통해 이들을 고려할 수 있다.

1. 자사의 제품 및 서비스에 적합한 직·간접 옵션의 장·단점은 무엇인가?
2. 어떤 채널을 이용하면 목표 고객과 이윤을 최고 수준으로 끌어올릴 수 있는가?
3. 이들 채널을 최적화하려면 리더의 핵심 역량과 능력을 어떻게 활용해야 하는가?

탁월한 전략이 미래를 창조한다

비즈니스 모델 3단계: 가치 확보

비즈니스 모델의 건전성을 시험하려면 고객에게 유익한 가치를 적절히 전달하는 능력이 있어야 한다. 비즈니스 모델의 3단계는 기업의 제품이 생성하는 가치를 확보하는 방법을 아는 것이다. 아무리 좋은 아이디어가 있어도 재정적인 성과를 거두지 못하면 성공을 기대할 수 없다. 그저 좋은 아이디어로 남을 뿐이다. 가치 확보 단계를 제대로 이행하려면 고객에게 제공된 제품에 대한 경제적 토대를 확실히 이해해야 한다. 그래야만 유동성과 이익을 충분히 확보하고 미래의 비즈니스에 활기를 불어넣을 수 있다.

다음은 기업이 제품 가치를 확보하는 방법을 설정할 때 고려해야 할 네 가지 요소다.

1. 가격 고객이 제품 구매를 위해 지불하는 값
2. 수익 제품 판매로 거둬들인 매출액
3. 비용 제품을 생산하는 데 투입된 자원의 비용
4. 이익 총수익에서 총비용을 빼고 남은 금액

이 네 요소는 기존 시장의 제품은 물론이고 신규 시장의 제품에 맞추어 정확히 계산할 수 있다. 가격은 양적인 용어와 상대적인 용어로 구분된다. 10만 원짜리 물건이 있다고 치자. 10만 원이라는 가격대는 자사 제품이 경쟁사 제품에 비해 어떤 수준인지 제대로 파악하는 데 부족한 정보다. 10만 원짜리 제품이 시장에서 경쟁사 제품에 비해 고가인가, 아니면 경쟁력 있는 가격 수준인가? 제품의 가격은 양적 용어(10만 원)와 상대적 용어(프리미엄)를 모두 적용하여 책정할 때 유용하다.

수익에 관한 한, 가격은 기업의 제품을 통해 거둬들이게 될 총액을 결정하는 것으로 예상 분량(예를 들어, 고객 수, 고객 1인당 거래 단위, 거래 한 건 당 고객 단위)을 통해 크게 증대된다. 한편 자산 매각은 기업 입장에서 수익을 내는 가장 전형적인 방법이다. 요즘은 수익을 발생시키는 방법이 훨씬 더 다양해졌다.[32] 다음은 대기업들이 수익을 발생시키는 방법에 대한 설명이다.

- 빌 게이츠는 라이센싱을 통해 소프트웨어 사업으로 막대한 부를 얻었다.
- 엔터프라이즈 렌터카(Enterprise Rent-A-Car)는 주로 지역 사회를 대상으로 자동차를 대여해 거대 기업이 되었다.
- 월스트리트 저널(Wall Street Journal)은 종이신문 구독료와 인터넷 신문 구독료를 통해 계속적으로 수익을 발생시키고 있다.
- 페덱스(FedEx)는 A 지점에서 B 지점으로 택배를 배달할 때 이용료를 부과해 대규모 해상운송 수익을 거두었다.

탁월한 전략이 미래를 창조한다

■ 구글(Google)은 자사 비즈니스를 기반으로 한 광고를 활용해 주요 수익을 창출했다.
■ 찰스 슈워브(Charles Schwab) 같은 금융투자 회사는 투자자들과 금융 상품을 연결할 때, 중개수수료를 청구하는 중개인 서비스로 큰 수익을 거두었다.

리더가 임의대로 결정하는 선택권이 다양해지면 수익과 관련된 리더의 선택으로 기업은 크게 성공하거나 좌절을 맛보게 된다.

비즈니스 모델이 제대로 작동하지 않으면 리더는 가장 먼저 비용과 관련된 정책으로 방향을 돌리기 쉽다. 비용은 때에 따라 고정비, 변동비, 직접비, 간접비 등 여러 방식으로 설명된다. 해당 비즈니스가 충분한 이익을 내지 못하면 반사적으로 흔히 제시되는 방안이다. 하지만 이러한 접근법은 단기간의 안도감만 가져올 뿐 장기적인 성장을 방해하게 된다. 이같은 문제에 대한 해결책은 제품을 제공할 때 수반되는 비용과 이 비용이 가치창출에 어떤 영향을 미치는지 확실히 이해하는 데 있다.

앞서 가치 사슬에 대해 논의한 대로 일단 다양한 활동을 확인하고 사용 목적에 따라 배열한 다음, 각 비용을 배정한다. 이러한 과정은 가치 사슬의 모든 활동에 투입되는 비용과 이익을 명확히 알 수 있도록 돕는다. 그러면 리더는 비용 절감을 할 수 있고 가치를 창출하는 주요 활동을 위험에 빠뜨리지 않게 된다.

프로페셔널 서비스 펌(Professional Service Firm: 전문 서비스 기업)이 제공하는 회계 소프트웨어 프로그램을 활용하고 개발 활동 및 연구 부문의 비용을 절감한다면 단기적인 이익을 낼 수는 있다. 그러나 장기적으로 볼 때 중요한 지적재산의 손실을 가져올 수 있다. 그런데 건설자재 공급 업체가 제작 과정에서 비용을 절감한다면 이익을 키울 수 있다. 또한 더 저렴해진 가격 덕분에 고객들에게도 어느 정도 가격적인 혜택이 돌아갈 수 있다.

가치 확보 단계의 마지막 요소는 이익이다. UCLA의 리처드 루멜트(Richard Rumelt) 교수는 사업단위수익률에서 가장 중요한 요인은 전략 선택이라고 했다.[33] 지금까지 저자는 이익의 구성 요소인 가격, 수익, 비용에 대해 다루었다. 이익은 따로 분리해 연구할 만큼 중요한 요소다. 폴 루빈(Paul Rubin) 교수는 이익 극대화의 중요성에 대해 이렇게 강조했다.

기업의 이익 극대화가 좋은 이유는 고객의 최대 혜택으로 직접 이어지기 때문이다. 이익은 소비자들이 원하는 일을 기업이 기꺼이 실행하게 만드는 데 동기부여가 된다. 그런데 만약 해당 비즈니스가 이익을 극대화하지 못한다면 어떻게 될까? 기업은 고객이 원하는 제품을 만들지 못하거나 최소한의 비용으로 제품 자체를 만들지 못할 수도 있다. 어느 쪽이든 손해를 입는 쪽은 고객이다.[34]

수많은 기업이 성장만이 최고라는 유혹에 빠져 파산이라는 암초에 걸려버렸다. 사실 이익을 담보로 한 성장은 최악의 실패로 이어질 수 있다. 5년 간 600개 기업을 대상으로 한 연구 결과에서 연간 총이익률이 5% 내외인 기업 중 절반 이하만 영업이익률이 증가한 것으로 나타났다. 그중 20%가 이익의 급감을 경험했다. 그 결과 연구자들은 "총이익률이 수익성과 주주 가치를 강화하는 전략의 필수 요소이기는 하지만 그 자체만으로는 충분하지 않다."[35]는 결론을 내렸다.

이익이 발생하는 문제에 관한 한, 리더는 두 가지 주요 지렛대를 사용해야 한다. 바로 총수익과 비용이다. 리더는 대량 판매와 고가 정책, 비용 절감을 통해 총수익을 증가시킬 수 있다. 어떤 지렛대를 당길지는 비즈니스의 전후 사정, 경쟁사의 전망, 핵심 역량, 능력을 포함한 여러 요소를 고려하여 결정한다. 마이클 레이너(Michael Raynor)와 뭄타즈 아메드(Mumtaz Ahmed)는 비즈니스 실행에 대한 최근의 연구를 통해 총이익 지렛대가 비용절감 지렛대보다 더 효과적인 수단이라는 사실을 밝혀냈다.

판매 이익이 압도적으로 높으면 어떤 기업이든 높은 총수익을 활용해 경쟁사보다 월등히 높은 이익을 발생시킨다. 대량 판매가 아닌 고가의 가격 정책을 활용한 것이다. 뛰어난 기업은 실적 우위의 원천으로서 저비용보다는 높은 매

출에 따른 총이익에 더 많이 의존하는 경향이 있다.[36]

다음은 비즈니스 모델의 3단계를 요약한 것이다.

1단계: 가치 창출

- **핵심 역량** 주요 전문 분야(지식)
- **능력** 주요 자원을 활용하여 수행하는 활동(역할)
- **가치 제안** 해당 제품이 나오게 된 이유(고객, 고객의 니즈 및 기업의 과제, 접근 방식, 혜택)

2단계: 가치 전달

- **가치 사슬** 가치를 제공하기 위한 역량의 배열(방법)
- **채널** 고객에게 제품을 제공하는 접근 지점(제공 장소)

3단계: 가치 확보

- **가격** 고객이 제품에 지불하는 값
- **수익** 매출 총액(제품 가격 × 판매 수량)
- **비용** 제품을 제공하기까지 투입된 자원의 비용
- **이익** 총수익에서 총비용을 빼고 남은 금액

탁월한 전략이 미래를 창조한다

◼ 수익성 있는 성장이 관건이다

여러 통찰력을 한데 모아 전략적 방향으로 투입하면 수익성 있는 성장으로 이끌 수 있다. 2006년 앨런 멀럴리(Allen Mulally)는 포드 자동차의 회장이자 최고경영자로 선임될 당시 기업이 126억 달러이 손실을 냈다는 사실을 알았다. 그는 미국 자동차 제조 업체의 수익성을 위해 지속적으로 몰아붙이는 방법으로 원 포드 플랜(One Ford Plan)을 실행했다. "비즈니스는 수익성 있는 성장과 가치 창출이 생명이다. 그러므로 가진 모든 것을 투입해 수익성 있는 성장을 이루어야 한다. 해당 비즈니스의 수익성을 높이기 위한 계획은 무엇인가?"[37]

다음은 스타벅스의 최고 경영자인 하워드 슐츠(Howard Schult)가 앨런의 접근 방식을 반영하여 연설한 내용이다. "성장을 전략으로만 본다면 성장에 유혹되고 중독될 수밖에 없다. 하지만 성장은 전략이 아니다. 아니, 그렇게 되어서도 안 된다. 우리가 기업에 성장으로 보답할 때, 그 성장은 각기 다른 여러 성장의 이유가 있겠지만 중요한 것은 이익을 창출하는 성장이 되는 것이다."[38]

어떤 비즈니스든 수익성 있는 성장 라인을 지속적으로 구축하는 것은 생명 유지에 필요한 혈액을 공급하는 것과 마찬가지다. 그러므로 성장에 필요한 잠재적 지렛대는 물론이고 무엇 때문에 성장이 방해받는지도 제대로 파악해야 한다. 500개 기업을 대상으로 연구한 결과, 조직의 성장을 가로막거나 오랜 기간 재정적 곤란을 겪게 한 원인이 확실히 밝혀졌다. 연구에 따르면, 장기간의 재정 압박이 시작된다는 의미의 스톨 포인트(stall point) 중 87%는 경영진의 통제가 그 원인이었다. 스톨 요소 중 70%는 전략과 관련된 선택에서 초래되었다. 스톨 포인트의 결과는 참혹할 수 있다. 연구진은 S&P 500지수로 이들 기업을 비교 평가한 결과, 10년 간 성장 침체에 빠진 기업들은 시가총액의 74%를 손해보았다는 사실을 밝혀냈다.[39]

이는 건전한 전략을 공들여 만들고 소통하고 수행하는 리더의 능력이 기업의 재정 상황을 결정한다는 사실을 밝힌 것이다. 관리자에게 15%의 비용 절감을 요구하는 것은 별개의 문제다. 관리자는 비용 절감을 위한 방법을 수도 없이 떠올릴 것이다. 하지만 관리자에게 비즈니스 수익성을 15% 올리라는 요구는 전혀 다른 문제다. 이런 요구를 받은 관리자는 당황해 쩔쩔매거나 별 생각 없이 과거의 지루한 전술을 줄줄이 늘어놓을지도 모른다.

경영자는 사업을 키울 때, 다른 기업을 재빨리 인수하는 경우가 무척 많다. 합병과 인수가 비즈니스 관련 출판물의 표제를 화려하게 장식하고 있다. 하지만 인수합병만으로 수익성을 키울 수 있을까? M&A 전문가를 키워 새로운 비즈니스와 기존 사업체를 성공적으로 합병하는 경우도 있다. 하지만 일반적인 일은 아니다. 지난 20년 간 다수의 연구를 진행한 결과, 대부분이 인수 후 원기업의 주주 가치가 확실히 떨어진 것으로 나타났다.[40]

만약 기업 내부의 자체 성장에 박차를 가한다면, 이익을 증가시키는 잠재적인 경로에 대한 포괄적인 이해가 도움이 된다. 전략 스펙트럼(Strategy Spectrum)은 리더가 성장 옵션을 탐색하는 데 도움을 주기 위해 개발되었다. 즉, 새로운 고객 가치를 창출하는 데 핀요한 전체 지렛대를 시각적으로 펼쳐 기업의 수익성 증가를 자극할 수 있도록 했다. 다음은 전략 스펙트럼을 구성하는 여섯 가지 지렛대에 대한 설명이다.

1. 무엇을 제품 및 서비스
2. 누구에게 잠재적 고객층
3. 왜 고객의 니즈 혹은 기업의 과제
4. 어디서 제품에 접근하는 채널
5. 언제 제품에 접근하는 시간
6. 어떻게 기업의 활동

현재의 비즈니스 모델로 시작해 세로 칸에 항목들을 배치했는데 현재 가동되는 비즈니스를 나타낸 것이다. 이제 나머지 칸을 채우기 위해 새로운 항목은 다른 기업과 산업으로부터 빌려 왔다. 해당 비즈니스의 수익성을 키우는 데 필요한 새로운 방법을 고안하려면 다양한 항목을 조합하는 것이 중요하다. '표 2.4'는 금융 서비스 회사에 적용할 만한 전략 스펙트럼의 예다.

각각 다른 항목의 요소를 조합하면 고등학생들에게 금융 교육을 실시할 수 있다. 모바일 앱을 이용해 점심시간에 학생들에게 금융 교육을 실시하는 방식이다. 기업이 직원들에게 직장에서는 휴대전화 대신 무현 충수신기를 사용하라고 제안하면 부채 감수에 도움이

표 2.4 전략 스펙트럼

무엇을	누구에게	어디서	언제	왜	어떻게
투자	기업인	대학	야간	교육	가판대
보험	10대	공항	주말	조언	사무실
부동산 계획	무역회사 직원	은퇴자 모임	졸업식	금융 문제 해결	모바일 앱
금융 교육	퇴직자	고등학교	점심시간	부의 창출	비디오
부채 감소	아동	무선 송·수신기	직장	비즈니스 성장	1:1 만남
부동산	여행객	대형 교회	학교 수업 중	투자 기회	그룹 세미나
비즈니스 계획	대학생	소매점	여행 중	보안	TV

된다. 이는 비디오를 통해 금융 자금난 완화를 제공한 사례다.

전략 스펙트럼은 시각적인 방법을 제공한다. 이를 통해 리더는 비즈니스의 수익성을 키우는 데 사용할 만한 여러 가지 선택권을 탐색할 수 있다. 리더가 전략 스펙트럼을 개발하면 다양한 직무 영역에 대한 인재 풀을 가동할 수 있다. 또한 사외의 차별적인 참조 프레임과 다양한 항목을 제공할 수도 있다.

주로 제품이나 내구 소비재를 생산하는 기업이라면 업무(예를 들어, 유지 및 물류 서비스를 제공하는 트럭 제조사)를 더욱 효과적으로 수행하기 위해 어떤 유형의 보완적 서비스가 유익할지 고려해야 한다. 같은 이유로 서비스를 제공하는 기업이라면 고객이 구매한 제품에 필요한 서비스(예를 들어, 휴대전화를 판매하는 인터넷 검색 엔진)가 무엇인지 고려해야 한다. 그런 다음 전략 스펙트럼에 앞서 제시한 아이디어를 덧붙여야 한다.

가치 확보 매트릭스(Value Mining Matrix)는 수익성을 키우기 위해 새로운 방법을 탐색하는 데 도움을 주는 유용한 도구다. 이 도구는 고객의 니즈와 기업의 과제를 고려한다. 앞서 논의한 가치 제안의 두 요소와 같이 말이다. 이 훈련법에서 고객과 고객의 요구는 새로운 가치 창출을 위해 필요한 몇 가지 방식을 생각하는 데 촉매작용을 한다. 기업이 마케팅, 판매, 서비스, 지원의 대상으로서 적극적으로 생각하는 대상이 바로 고객이다. 혹은 기업이 마케팅, 판매, 서비스, 지원의 대상으로서 적극적으로 고려하지 않는 잠재 고객도 있다. 이들 잠재 고객으로 여론 주도층과 의사결정자를 꼽을 수 있다. 혹은 제품의 가치를 알아보는 최종 구매자일 것이다.

과제를 나타낸 축은 고객이 기업에 원하는 현재형 니즈이거나 앞으로 등장할 신규 니즈를 나타낸다. 신규 과제는 조직이 수행한 것 중에서 고객을 충족시킬 수 있는 가치로써 미래의 니즈로 구성된다. 이것은 고객이 언급하지 않았거나 드러내지 않았거나 심지어 고객 스스로도 자각하지 못한 것일 수도 있는데 그것을 찾는 것이 바로 기업의 과제다. 그리고 이는 고객이 직면한 문제점이나 시련, 도전과 같은 것으로 분명히 드러나곤 한다.

'고객의 소리' 프로그램을 활용하면 해당 제품에 대한 고객의 반응을 제대로 이해하는 데 도움이 된다. 그래도 고객의 진짜 니즈와 관련된 통찰력은 제대로 드러나지 않을 수도 있다. 깊은 통찰력은 단지 고객의 일상생활을 유심히 관찰하거나 현재 일어나는 사안, 문제점, 도전 등에 집중하면 얻을 수 있다. 과제 목록을 작성하는 것은 가치 확보 과정을 시작하기 위한 효과적인 방법이다. '그림 2.7'은 각 네모칸 안에 사례를 기재한 가치 확보 매트릭스다.

그림 2.7 가치 확보 매트릭스

좌측 하단의 CVS 케어마크(CVS Caremark: 미국 최대 의약품 판매 회사)의 미닛클리닉(MInuteClinic: 신속 치료 서비스를 슬로건으로 가벼운 질환 치료를 전문으로 하는 곳)은 기존 고객에게 맞춤형 서비스를 제공함으로써 새롭게 수익성을 창출한 비즈니스의 예다. 기존 병원들은 이러한 고객의 니즈를 제대로 충족시켜 주지 못하는 상황이었다. 그래서 CVS 미닛클리닉은 신속하고 편리한 치료 서비스를 원하는 기존 고객의 요구를 기반으로 했다. CVS 케어마크는 지점마다 미닛클리닉을 두어 수익성을 끌어올릴 수 있었다. 기업이 기존 고객의 당면 과제를 해결해(신속하고 편리한 의료) 얻은 결과였다.

우측 하단의 과제는 잠재 고객이 바라는 과제를 수행해 결과적으로 새로운 수익성을 창출한 결과다. 플라스틱 블록으로 유명한 시리즈물을 제작하는 기업인 레고(Lego)가 그 사례다. 레고는 아이들의 공간 지능을 자극하는 데 유익한 장난감으로 기존 고객의 니즈를 만족시킬 수 있었다. 이제 레고는 남아들보다 자사 제품에 흥미를 덜 보이는 여아들에게 초점을 맞추었다. '레고 프렌즈 시리즈'는 마구간이나 야영장 같은 무대를 배경으로 탄생시킨 여성 캐릭터로 여아들이 서로 어울리거나 새롭게 만들면서 놀 수 있는 기회를 제공한다.

좌측 상단의 넷플릭스는 이전에는 기존 고객에게 접해본 적이 없던 새로운 니즈를 충족시킴으로써 기업의 수익성을 올린 사례다. 어떤 동영상 프로그램의 다음 회를 보려면 일주일을 기다리는 대신 빈지 포맷(binge format: 몰아 보기)을 이용해 바로 볼 수 있는 새로운 프로그램을 찾아내는 것이 고객의 새로운 니즈였다. 이를 감지한 넷플릭스는 각기 다른 장치에 내재된 오리지널 컨텐츠를 스트리밍(인터넷에서 실시간으로 데이터를 전송하는 기법)을 통해 해결했다. 이로써 기존 고객들에게 새로운 접근 경로로 새로운 컨텐츠와 오락거리를 제공하는 데 성공했다.

마지막으로 우측 상단의 아마존닷컴의 클라우드 서비스는 잠재 고객들이 쉽게 접근할 수 있는 장치를 제공해 컨텐츠를 관리할 수 있는 기능을 부여했다. 아마존닷컴은 클라우드를 통해 넷플릭스에서 나사(NASA)에 이르기까지 다양한 비즈니스 영역에 온 디맨드(on demand: 공급 중심이 아닌 수요 중심의 시스템이나 전략 등을 총칭하는 말) 방식의 컴퓨터 서비스를 제공해 수익성을 키울 수 있었다. 잠재 고객이 새로운 과제를 성공할 수 있도록 도와준 결과였다.

기업의 성장과 관련된 아이디어는 무척 많다. 하지만 고객의 니즈나 기업의 과제가 아닌, 제품만 중시하는 관점에서 비롯된 아이디어만 무척 많은 편이다. 가치 확보 매트릭스는 리더의 초점을 기존 고객 및 잠재 고객과 현행 과제 및 신규 과제 쪽으로 돌리게 해 새로운 수익성을 개발할 수 있게 한 것이다.

네모 칸 네 개를 채운 아이디어를 시장에 내놓으려면 각각 다른 소요 기간이 필요하다. 제안한 아이디어는 다음 세 범위 중 하나에 포함시킬 수 있다.[41] 범위 1은 다음 해까지 비즈니스를 키우는 데 필요한 아이디어로 구성된다. 그와 동시에 기존 비즈니스도 보호하고 확장해야 한다. 범위 2는 앞으로 2~3년 안에 하나의 구성 요소 혹은 비즈니스 모델의 요소를 변화시켜 수익성을 키울 수 있는 아이디어로 구성된다. 범위 3은 3년 이후 성장에 필요한 아이디어로 구성된다. 이렇듯 앞으로도 현재의 조직을 계속 유지하려면 새로운 활동이나 비즈니스 모델이 필요할 것이다.

성장 범위

■ 범위 1 첫 1년 간 현행 비즈니스를 확장하고 보호한다.

탁월한 전략이 미래를 창조한다

■ 전략과 혁신이 새로운 가치를 만든다

전략과 혁신은 '지속가능한 재정적 탁월성'이나 '경쟁우위'라는 두 가지 주요 요인으로 표현할 때가 많다. 이러한 전략과 혁신의 공통분모는 바로 통찰력이다. 통찰력은 '가치 전달에 필요한 새로운 접근 방식, 새로운 제품이나 서비스 혹은 새로운 솔루션을 낳기 위해 독특한 방식으로 두 가지 이상의 정보나 데이터를 하나로 결합하는 것'으로 정의된다. 즉, 통찰력은 우리가 매일 받아들인 정보를 낱낱이 파헤친 다음, 그것들을 점으로 나열하여 창조적인 방식으로 다시 연결하는 능력이다. 애플의 창업자인 스티브 잡스는 "창의력이란 단지 사물을 연결하는 것이다."[42]라고 언급했다.

다작 발명가인 제임스 다이슨(James Dyson)은 사람들을 낙담시키는 것이 무엇인지 통찰한 결과, 10억 달러 규모의 비즈니스를 성공시켰다. 그의 발명품 중 의미 있는 첫 발명품인 볼배로(Ballbar-row)는 바퀴 대신 공을 사용한 제품이었다. 사람들이 진흙에 빠져 쓸모없게 된 바퀴 때문에 울먹이는 것을 보고 얻은 통찰력으로 발명한 수 있었다. 다음은 다이슨이 자신의 유명한 청소기가 탄생하는 데 통찰력이 어떻게 작용했는지 묘사한 내용이다.

> 당신은 어떤 사례에 적용되는 기술을 보면서 그것이 골치
> 아픈 문제도 해결해줄 수 있을지 의문을 품었던 때가 있을
> 것이다. 나는 청소기를 이런 식으로 만들었다. 어느 날 불
> 쏘시개를 사려고 목재 저장소로 가던 길에 약 9m 높이의
> 거대한 태풍이 지붕 꼭대기의 톱밥을 쓸어 모으는 장면을
> 보았다. 나는 당장 집으로 돌아와 작은 태풍을 만들기 시작
> 했다.[43]

통찰력이라는 말로 시작되는 혁신은 바로 '새로운 가치 창출'이
라는 가장 간단한 말로 정의할 수 있다. 주로 문제를 해결하려는 해
결책이나 충족되지 못한 고객의 니즈를 충족시키는 방법에 초점을
맞춘 것이 통찰력이다. 새로운 가치를 창출하려면 리더는 그에 맞는
통찰력이 필요하다.

비즈니스 전략이란, 기업이 고객에게 제품 및 서비스를 제공하
는 상황에서 경쟁사를 이기기 위해 독특한 활동 체계를 활용하는
똑똑한 자원 배분이라는 말로 정의내릴 수 있다. 진정으로 영리하
게 자원을 배분하려면 고객에게 제품이나 서비스를 제공할 때, 경
쟁사와 차별화된 방식으로 고객을 위한 가치를 창출해야 한다. 이
를 위해 리더는 막강한 통찰력을 갖춰야 한다. 경쟁사와 동일한 방

식으로 같은 제품 및 서비스를 공급하는 것은 파산으로 가는 지름 길이다.

만약 자사의 고객 가치가 새로운 것이라면 현행 제품과 다른 것일 가능성이 크다. 태풍 기술로 청소기 시장에서 후버(Hoover: 미국 및 영국에 본사를 둔 가전제품 회사)를 따돌리고 리더 자리에 올랐을 때 제임스 다이슨은 이렇게 말했다. "나는 오직 독창성만을 위한 독창성을 추구했다. 그리고 그 독창성을 기존의 것에서 차별화를 제공하는 하나의 철학으로 바꾸었다. 오직 진부한 시장을 바꾸기 위해 그렇게 한 것이다."[44]

비즈니스 전략과 혁신의 목적은 바로 고객을 위한 가치 창출에 있다. 매일 겪는 경쟁사와의 싸움, 비즈니스의 위기 속에서 우리는 경쟁우위가 '고객을 위한 최고의 가치를 창출하는 것'에 지나지 않는다는 사실을 너무 자주 망각하곤 한다. 혁신은 끊임없이 새로운 가치를 찾는 데 있다. 고객에게 가치 있는 것을 전달하기 위해 최고의 방법으로 자원을 배분하는 것이 바로 전략을 보증하는 길이다.

■■ 혁신의 방법은 다양하다

새로운 가치 창출이라는 목표는 다수의 경영자들이 갈망하지만 극히 소수만 성취한다. 새로운 가치를 창출하기 전에 먼저 새로운 가치가 어떻게 비즈니스 위치를 강화하는지 이해해야 한다. 우선 리더가 혁신에 공을 들이면 다음의 네 가지 잠재적 결과물이 뒤따를 것이다.

1. **차별화** 새로운 이익 창출을 가져올 독특한 제품 및 서비스를 생산하는 것
2. **중립화** 경쟁사나 시장 기준에 준거해 제품 및 서비스의 격차를 줄이는 것
3. **생산성** 비용 절감을 위해 비즈니스 과정의 효율성을 증대시키는 것
4. **무성과** 적정한 비용으로 새로운 가치를 창출할 수 있는 기회를 놓치고 처음의 세 가지 결과를 낳지 못한 헛된 노력[45]

　물론 혁신적인 노력의 결과로 무성과를 바라는 사람은 아무도 없다. 헛된 노력을 피하려면 비즈니스의 전략적 맥락을 이해하고 해당 카테고리가 발전하는 지점에서 최고의 경제적 가치를 달성할 것으로 예측되는 혁신 계획의 유형을 선택해야 한다. 하버드 경영대학원의 니틴 노리아(Nitin Nohria) 학과장은 맥락의 중요성을 다음과 같이 강조했다. "맥락에 대한 민감성이 부족하면 아무리 탁월한 경영진이라도 실수를 저지를 수 있다. 맥락에 둔감한 리더의 입지가 위험에 처할 것이라는 의견은 사실에 입각한 바다. 만약 리더가 비즈니스의 전망을 제대로 읽지 못한다면, 그는 자신의 조직을 잘못된

방향으로 이끄는 위험을 초래하게 된다."[46]

당신이 새로운 가치 창출에 필요한 아이디어를 확인하고 탐색하는 동안 제프리 무어(Geoffrey Moor)는 비즈니스 맥락에 따른 다양한 유형의 혁신 대안을 제시하는 막강한 분석 틀을 제공했다.[47] 마이클 트레이시(Michael Tracy)와 프레드 위어스마(Fred Wiersema)가 가치 규율 개념을 연구할 때, 무어는 혁신을 14가지 유형으로 제안했다. 그것은 해당 범주의 생애 주기(성장, 성숙, 쇠퇴)[48]에 맞게 조정했을 때 지렛대 역할을 할 수 있다. 가치 규율 개념은 재정적으로 성공한 기업이 다음의 세 가지 가치 규율 중 한 가지 규율에 집중해 자원을 파격적으로 배분한다는 사실을 지지하는 연구를 이용한 것이다.

1. 제품 선도성 최첨단 제품
2. 고객친화성 고객맞춤형 솔루션
3. 운영 효율성 비용 절감 또는 편리성

다음은 이들 개념과 클레이튼 크리스텐슨(Clayton Christensen) 교수가 묘사한 네 가지 구매 양상을 계층화한 것이다.[49]

기능성 ➡ 신뢰성 ➡ 편리성 ➡ 가격

구매 계층 구조에 따르면, 현행 제품으로 기능성에 대한 요구를 만족시키지 못할 경우, 고객의 의사결정 요인은 기능성이 된다. 일단 기능성을 만족시키는 제품이 두 가지 이상이 되면, 이제는 신뢰성이 구매 기준이 된다. 그런데 제품 수준이 계속 만족스러울 수 있을까? 한편 두 개 이상의 제품이 신뢰성을 가지면, 그 다음 구매 결정 요인은 편리성으로 바뀐다. 마지막으로 앞의 세 가지 요인이 모두 만족스럽다면 최종 구매 결정에 영향을 미치는 것은 가격으로 나타났다.

구매 계층은 혁신 영역 프레임워크(Innovation Zone framework)의 왼쪽으로부터 오른쪽 방향으로 놓여 있다. 기능성은 제품 선도성에, 신뢰성과 편리성은 고객친화성에, 가격은 운영 효율성에 나란히 놓이는 식이다. 기업이 새로운 시장에 출시된 제품 판매를 위해 고객친화적인 혁신책에 공을 들이는 것은 생산적이지 않다. 고객은 기능성(제대로 작동할까?)과 신뢰성(일관성 있게 작동할까?)에 더 초점을 맞추기 때문이다.

'그림 2.8'은 가치 규율과 14가지 혁신 유형에 따른 각 범주의 생애 주기를 단계별로 나타낸 것이다. 무어에 따르면, 성장 시장에서 제품 선도성 가치 규율은 더 효과적인 혁신 유형을 생산하는 경향이 있다. 이 혁신 유형은 파괴, 제품, 응용, 플랫폼과 관련 있다. 이쯤

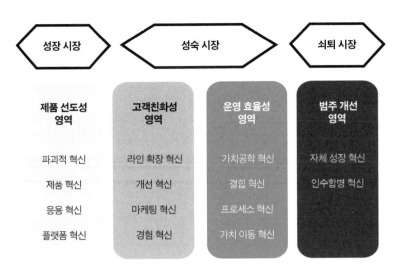

그림 2.8 혁신 유형

에서 성장 시장은 기능성과 신뢰성에서의 개선점을 찾게 된다. 초기 성숙 시장에서 고객친화성 가치 규율은 생산적인 혁신을 이루어낼 가능성이 무척 높았다. 이는 생산라인 확장, 가치 상승, 마케팅, 소비자 경험의 형식을 띤 혁신이다. 이 시점의 구매 계층에서는 시장 진입자 간에 제품의 특징과 고객 혜택의 측면에서 동등해진다. 그러므로 고객친화성 혁신 유형에 투자하면 기존 고객과 더 친밀한 관계를 유지하는 데 도움이 된다.

카테고리 라이프 사이클(category life cycle)이 후기 성숙 시장 쪽으로 이동함에 따라 운영 효율성 영역에서는 가치공학, 결합, 프로세스, 가치 이동 혁신으로 가치를 생산할 기회가 더 많아진다. 성숙 시장에 속하는 고객친화성 영역은 고객(외부 관점, 수요 측면)에게 더욱 매력적인 제품을 제공하기 위해 차별화에 공을 들인다. 한편 운영 효율성 영역은 기업의 관점(내부 관점, 공급 측면)에서 제품의 개선에 초점을 맞춘다. 마지막으로 시장이 쇠퇴하게 되면 자체 성장 혁신 및 인수합병 혁신에 대한 노력으로 새로운 가치 창출의 기회가 열린다.

새로운 가치를 창출할 수 있는 혁신은 자사가 속한 카테고리 라이프 사이클이 어디쯤이고 기업이 보유한 능력이 무엇인지에 따라 14가지 유형으로 구분된다. '표 2.5'에서는 제품 선도성 영역(Product Leadership Zone)에 속하는 혁신 유형에 대한 간략한 정의와 사례를 제시하였다.

표 2.5 제품 선도성 영역

유형	정의	사례
파괴적 혁신	비연속적인 과학기술의 변화 혹은 비즈니스 모델	CVS 케어마크의 미닛클리닉
응용 혁신	자사의 기존 제품을 아직 사용하지 않은 잠재 고객을 대상으로 새로운 시장을 개발함	링크드인(Linkdin)의 인재 관리
제품 혁신	기존 제품에서는 접할 수 없었던 기능, 특징 및 기능의 차별화	아이폰의 액정 강화유리를 만든 코닝의 고릴라 글라스
플랫폼 혁신	복잡함을 능가하는 단순성의 창조	페이스북(Facebook)

'표 2.6'에서는 고객친화성 영역에 속하는 혁신 유형에 대한 간략한 정의와 사례를 제시하였다.

탁월한 전략이 미래를 창조한다

표 2.6 고객친화성 영역

유형	정의	사례
라인 확장 혁신	유례없는 하위 범주를 탄생시켜 기존 제품의 구조적 변화를 가져옴	여아를 대상으로 한 레고의 프렌즈 시리즈
개선 혁신	이익 증대를 목적으로 기존 제품의 한 측면만 수정함	쿠어스(Coors)의 라이트 콜드 맥주 액티베이션 병
마케팅 혁신	제품 및 서비스 구매가 예상되는 고객이 구매 과정에 머무는 동안 독특한 상호작용을 조성함	애플의 소매점
경험 혁신	기존 제품에 대한 사용자들의 경험을 최우선 가치 창출의 동력으로 여김	전 세계 사용자들의 경험을 중시한 엑스박스 라이브 게임

'표 2.7'에서는 운영 효율성 영역에 속하는 혁신 유형에 대한 간략한 정의와 사례를 제시하였다.

표 2.7 운영 효율성 영역

유형	정의	사례
가치 공학 혁신	고객의 혜택은 그대로 유지하고 제품의 제조 과정과 자원 부문에서 비용을 절감함	LCD TV
결합 혁신	중앙 관리 시스템의 도입으로 고객의 복합 관리 유지 비용이 절감됨	아마존닷컴의 클라우드 서비스
프로세스 혁신	제품의 제작 과정에서 낭비 요인을 제거함	이케아(IKEA) 가구
가치 이동 혁신	가치 사슬에서 제품에 주안점을 두던 것을 수익성으로 전환해 비즈니스 모델의 구성 요소를 수정함	스트리밍 기법을 이용해 오리지널 컨텐츠를 제공한 넷플릭스

끝으로 '표 2.8'은 범주 개선 영역에 속하는 혁신 유형에 대한 간략한 정의와 사례를 제시하였다.

표 2.8 범주 개선 영역

유형	정의	사례
자체 성장 혁신	성장 단계로 자원을 재배분함	맥도날드의 스페셜 음료
인수합병 혁신	합병 혹은 인수	구글의 모토로라 인수

새로운 가치 창출 분야를 발굴하는 데 혁신 영역 프레임워크를 활용할 경우, 다음의 질문들을 통해 더 쉽게 생각하고 대화할 수 있다.

- 자사는 현재 카테고리 라이프 사이클 중 어느 단계에 속하는가? 성장, 초기 성숙, 후기 성숙, 쇠퇴 중 어느 단계인가?
- 만족할 상품을 찾는 잠재 고객은 구매 계층 구조에서 어느 단계에 속해 있는가? 기능성, 신뢰성, 편리성, 가격 중 어느 단계인가?

다음은 당신의 생각을 자극할 목적으로 카테고리 라이프 사이클과 본인이 속한 구매 계층을 기반으로 만든 질문이다. 각 혁신 영역에 해당하는 질문을 활용하라.

1. 제품 선도성 혁신

- **파괴적 혁신** 어떻게 하면 신규 고객이나 덜 까다로운 고객의 주목을 끌 만큼 기존에 비해 더 단순하고 더 편리하고 더 저렴한 제품을 개발할 수 있는가?
- **응용 혁신** 어떻게 하면 우리의 능력을 활용해 기존 제품을 수용하는 신규 시장을 개발할 수 있을까? 또한 신규 시장을 점유할 수 있는 미개발 제품에는 무엇이 있는가?
- **제품 혁신** 충족되지 못한 고객의 니즈를 충족시키고 해당 과제를 수행하기 위해 제품에 어떤 기능과 특징을 새롭게 보완해야 하는가?
- **플랫폼 혁신** 유통상의 복잡한 단계를 단순화하여 고객에게 가치를 제공할 기회가 있는가?

2. 고객친화성 혁신

- **라인 확장 혁신** 신규 고객을 끌어들여 시장을 확장할 만한 새로운 하위 범주를 만들려면 기존 제품의 어떤 측면을 어떻게 수정해야 하는가?
- **개선 혁신** 기존 고객으로부터 더 큰 수익성을 거두려면 제품의 어떤 부문을 개선해야 하는가?
- **마케팅 혁신** 기존 제품의 경쟁력을 키우려면 마케팅과 그 외의 요소들(홍보, 입지, 가격)을 어떻게 혼합해야 하는가?

- **경험 혁신** 정해진 기간 내에 고객이 자사 제품을 경험할 수 있도록 차별화된 가치를 창출할 기회가 있는가?

3. 운영 효율성 혁신

- **가치 공학 혁신** 어떤 방식으로 경비를 절감하는 동시에 동일 수준의 제품을 공급할 수 있는가?
- **결합 혁신** 각기 다른 비즈니스 요소를 한데 모아 고객들에게 단일 시스템으로 제공할 방법이 있는가?
- **프로세스 혁신** 어떤 방식으로 제품을 생산하는 데 드는 비용을 절감하거나 그 프로세스를 개선할 수 있는가?
- **가치 이동 혁신** 더 큰 수익성을 창출하기 위해 어떤 산업 분야의 가치 사슬로 이동해야 하는가?

4. 범주 개선 혁신

- **자체 성장 혁신** 자사의 능력을 어떤 식으로 활용하면 성장 범주로 다시 진입할 수 있는가?
- **인수합병 혁신** 어떤 제품을 취해야 회사가 앞으로 순항할 수 있는가?

- 패턴이란, 특색과 동향의 조합이나 일관된 배열을 형성하는 특성을 말한다.

- 시스템이란, 일련의 사물(사람, 세포, 분자)로 이루어진 집합이다. 오랫동안 자신의 행동 패턴을 생성하는 방법으로 서로 유기적인 관계를 맺는다. 상호연결된 일련의 요소가 뭔가를 성취할 수 있도록 밀접하게 일관적으로 조직되어 있다.

- 활동 시스템 지도(Activity System Map)는 비즈니스에 대한 수준 높은 관점을 제공한다. 전략 및 전술 그리고 그 둘 사이의 관계를 포착해 한 페이지로 요약해 놓은 것이다.

- 플랫폼이란, 제품, 서비스, 기술 또는 시스템으로 구성된 비즈니스 기반이다. 다른 보완재도 서로 연결되어 비즈니스를 구축한다.

- 비즈니스 모델이란, 한 조직이 가치를 창출하고 전달하고 확보하는 방법에 대한 구조적인 관계를 표현하는 말이다. 다음은 비즈니스 모델의 3단계와 구성 요소를 설명한 것이다.

1단계: 가치 창출
- 핵심 역량: 주요 전문 분야의 지식(무엇을 아는가?)
- 능력: 주요 자원을 활용하여 수행하는 활동(무엇을 하는가?)
- 가치 제안: 해당 제품의 존재 이유(고객, 고객의 니즈 및 기업의 과제, 접근 방식, 혜택)

2단계: 가치 전달
- 기치 사슬: 가치를 제공하기 위한 역량의 배열(어떤 방법으로 행하는가?)
- 채널: 고객에게 제품을 전달하기 위한 접근 지점(어디서 상품을 제공하는가?)

3단계: 가치 확보

- 가격: 고객이 제품 구입에 지불하는 값
- 수익: 매출 총액(상품 가격 X 판매 수량)
- 비용: 제품을 제공하기까지 투입된 자원의 비용
- 이익: 총수익에서 총비용을 빼고 남은 금액

- 전략 스펙트럼은 다음 여섯 가지 지렛대로 구성된다.
  1. 무엇을: 제품 및 서비스
  2. 누구에게: 잠재적 고객층
  3. 왜: 고객의 니즈 혹은 기업의 과제
  4. 어디서: 제품에 접근하는 채널
  5. 언제: 제품에 접근하는 시간
  6. 어떻게: 기업의 활동 방법

- 가치 확보 매트릭스는 고객은 물론 새로운 가치 창출 방안을 모색하는 과제까지 고려한다.
- 혁신이란 고객을 위한 새로운 가치 창출이다.
- 해당 비즈니스가 속한 시장의 성숙 단계에 따라 혁신의 14가지 유형을 전략적으로 사용할 수 있다.

탁월한 전략이 미래를 창조한다

WHAT IS STRATEGY

ELEVATE

제2장

백전백승의
전략을 찾아라

자사의 비즈니스에 적합하게 트레이드오프 영역을 그리려면 먼저
목표로 삼는 고객의 특정 유형을 선택해야 한다.
모든 고객을 만족시키려고 노력할 때 형편없는 전략이 나올 수 있다.
기업이 시장에 가치를 제공하는 방법에 만족하지 않는 고객들도
있을 수 있다. 이는 트레이드오프가 제대로 이루어졌다는
신호로도 볼 수 있다.

한 가지 목적을 달성하기 위해 서로 겨루다가는 더 고귀한 역할을 결코 알지 못할 수도 있다

:: 르네상스의 전형인 레오나르도 다 빈치(Leon-ardo da Vinci)는 수많은 분야에서 엄청난 능력을 발휘했다. 미술, 조각, 건축, 공학 등 그의 대표적인 작품 몇 가지만 말해도 알 수 있을 만큼 탁월한 인물이었다. 1483년 그는 오늘날 헬리콥터의 효시로 꼽히는 것 중 가장 유명한 최초의 모형을 만들었다. 그것은 '공중부양 나사(aerial screw)'라고 불리는 모형으로 세상에 처음 나온 것이었다. 갈대와 아마, 전선으로 만든 그의 발명품은 독특한 나선형 모양으로 공기를 압축해 날 수 있도록 설계한 것이었다. 모형은 무게 때문에 결국 날 수 없었지만 미래의 설계자들에게 영감을 주는 데 충분했다.

이태리 르네상스 시대에 다빈치와 그의 경쟁사들은 미술 분야에서 불꽃 튀는 경쟁을 벌였다. 이들은 '파라고네(paragone)'라는 개념을 도입했는데 이는 조각이나 그림, 디자인 분야 등 한 가지 미술 형식이 다른 미술 형식보다 월등한 것으로 인정된다는 뜻이었다. 이 개념은 이후 부유층이 후원에 나서면서 '화폐 대회(monetary contests)'로 바뀌었다. 이 대회에서 예술가들은 다른 예술가들과 직접 경쟁을 벌였다. 결코 창의력을 저해하지 않으면서 한 예술가가 다른 예술가와 직접 경쟁을 벌이도록 권장되었다. 다음은 다빈치가 이에 대해 기술한 내용이다.

작품의 수준이 부족해 데생 화가로 여겨지면 누구라도 당연히 부끄러울 것이다. 이런 불명예는 그가 유익한 연구를 하는 데 있어서 동기부여가 된다. 건전한 시기심은 이전보다 더 칭찬받는 사람이 되도록 우리를 자극한다. 사람들의 칭찬은 훌륭한 자극제가 된다.[1]

'경쟁하다(compete)'라는 단어는 '서로 겨루다'라는 의미의 라틴어 'competere'에서 유래되었다.[2] 경쟁이란, 한 가지 같은 목표를 달성하기 위해 서로 싸운다는 의미다. 즉, 여러 사람이 같은 목표를 추구하지만 그것은 소수의 사람 혹은 단 한 사람에게만 허락되곤 한다. 때문에 이 목표는 우리가 더 열심히 노력하도록 자극하는 촉매제 역할을 하기도 한다.

1921년 찰스 슈워브(Charles Schwab)는 미국 철강 회사의 회장이었다. 데일 카네기(Dale Carnegie)는 자신의 저서 『인간관계론(How to Win Friends and Influence People)』에서 슈워브가 실적이 저조한 제철소를 방문해 뛰어난 지도력을 발휘한 순간을 자세히 묘사했다. 제철소에서 직원들은 히트(heat)라고 불리는 제품을 만들었다. 주간조가 일을 끝내고 막 퇴근하려는 순간, 슈워브는 직원들에게 근무 시간에 몇 개의 히트를 만들었는지 물었다. 그러자 한 직원이 "6개를 만들었습니다."라고 대답했다. 그 말을 들은 슈워브는 공장 바닥 한가운데에 6이라는 숫자를 적어 놓았다. 잠시 후 야간조가 공장에 도착하자마자 바닥에 적힌 숫자가 무슨 뜻인지 물었다. 슈워브는 주간조가 완성한 히트의 개수라고 말해 주었다. 그러면서 그것이 자신이 기록한 것이라는 말도 덧붙였다. 야간조 직원들은 주간조에 뒤지지 않으려고 업무 시간이 끝날 때쯤 7개의 히트를 완성했다. 그러자 6이라는 숫자는 7로 바뀌었다. 당연히 주간조가 출근하자 경쟁이 시작되었다. 이내 이곳은 회사 전체에서 생산성이 가장 뛰어난 공장이 되었다.

수천 년 전에 열린 그리스의 고대 올림픽과 수백 년 전 이태리의 르네상스, 지난 세기 미국의 비즈니스 사이에는 공통점이 있다. 개인마다 경쟁이라는 동기부여에 힘입어 무척 높은 성과를 달성했다는 점이다. 사실 연구에 따르면, 예술, 운동 경기, 학문 분야에서 경쟁은 많은 이들이 높은 성과를 올리는 데 유익한 역할을 했다.[3] 무척이나 흥미로운 저서 『승부의 세계(Top Dog)』의 저자인 포 브론슨(Po Bronson)과 애슐리 메리먼(Ashley Merryman)은 경쟁의 중요성에 대해 다음과 같이 강조했다. "경쟁의 실제 혜택은 승리가 아닌 개선된

실적에 있다. 경쟁은 추가적인 노력이라는 숨은 잠재력을 발산 또는 생성시킨다. 경쟁자들이 추가 기어를 발견하는 순간이다."[4]

경쟁이 사람들에게 미치는 동기부여는 단지 자신이 다른 이들보다 살짝 뒤처졌다는 사실을 알 때, 그 강도가 훨씬 커진다. 미국 프로농구협회(National Basketball Association: NBA)를 포함해 농구 게임 6만 개를 분석한 자료에 따르면, 전반전에서 1점 차로 뒤진 팀이 1점 앞선 팀보다 이길 확률이 높았다.[5]

와튼 경영대학원의 조나 버거(Jonah Berger) 교수는 같은 주제로 연구했다. 그것은 자신이 다른 방에 있는 사람들과 함께 자판 두드리기 대회를 벌이는 것으로 알고 있는 사람들을 대상으로 한 연구였다. 대회 중간에 사람들은 다른 사람들보다 앞섰거나 같거나 살짝 뒤처졌거나 훨씬 뒤처졌다는 소식을 들었다. 시합이 끝나고 데이터가 표로 작성되자 버거 교수는 다음과 같은 결론을 내렸다. "시합의 결과는 분명하다. 자신이 다른 이들보다 살짝 뒤처졌다고 생각하는 사람들이 가장 적극적으로 노력했다."[6] 어느 분야든 승리는 당사자가 잠재력을 최대로 발휘할 때 거둘 수 있다. 그러므로 리더라면 직원이나 팀원들이 최대한의 잠재력을 발휘할 수 있도록 자신이 해야 할 일들을 명확히 알아야 한다.

▪▪ 경쟁 없이 승리도 없다

상태는 상황과 관련된 용어다. 상태라는 용어는 의료(예: 환자의 상태는 어떤가?)에서 스포츠(예: 골프 코스의 상태가 어떤가?)에 이르기까지 다양한 분야에 적용된다. 내과 의사는 약을 처방하기 전에 먼저 환자의 상태(증상, 연령, 알레르기, 병력 등)에 대해 알고 싶어 한다. 프로 골프선수도 특정 샷을 치려고 클럽을 선택하기 전에 캐디와 골프장의 상태(풍속, 풍향, 페어웨이의 경사, 그린의 경사도 등)에 대해 상의한다. 골프 선수가 시속 30km의 맞바람을 고려하지 못하면 대회 타이틀과 수억 원의 상금을 놓칠 수 있다.

그렇다면 기업의 비즈니스 상태는 어떻게 설명할 수 있을까? 비즈니스 상태가 낙관적인 것에서 비관적인 것에 이르기까지 다양한 만큼 기업의 상태도 선도자, 도전자 혹은 방관자로 설명될 수 있다. 선도자는 기업이나 제품 및 서비스가 시장을 선도하고 해당 분야에서 유망한 자리를 차지하는 동시에 새로운 수익성을 추구하는 유형이다. 도전자는 브랜드 인지도와 비즈니스 확장 방안을 적극적으로 추구하는 유형이다. 그리고 방관자는 다른 비즈니스에 끊임없이 반응을 보이거나 수동적인 태도로 비즈니스를 경영하는 '모방자' 유형이다. 경영자가 선정한 목적과 전략은 자사의 위치를 어떻게 인식하느냐에 따라 그 상태가 달라질 수 있다.

▪▪ 선도자 전략

자사가 선도자의 위치에 있는 시장에 새로운 도전자가 신입하면 즉시 전술을 쏟아붓거나 아예 무시해버리고 싶은 마음이 들게 마련이다. 하지만 이러한 접근 방식을 취하기 전에 새로 진입한 도전자를 심사숙고해서 평가해야 한다. 그래야 주변 상황을 전략적으로 운영하는 데 필요한 다양한 대안을 획득할 수 있다. 다음의 10가지 질문을 잘 활용하면 사고 과정을 촉진하고 새로운 도전자를 주제로 한 생산적 대화에 착수할 수 있다.

1. 도전자의 제품이 자사에 비해 차별화된 혜택을 제공하는가?
2. 도전자가 기능성과 고품질, 신뢰성, 편리성, 비용을 포함한 특별한 혜택을 제공하는가?
3. 도전자가 시장에 진입할 때 차별적인 비즈니스 모델을 갖추었는가?
4. 도전자의 비즈니스 모델은 가치 창출과 전달, 확보의 방법에 있어서 자사와 어떻게 다른가?
5. 도전자의 가치 제안은 무엇인가?
6. 도전자의 핵심 역량은 무엇인가?
7. 도전자의 능력 중 세 가지 상위 능력은 무엇인가?
8. 도전자의 제품 대상이 자사와 같은 목표 고객을 겨냥하는가?
9. 도전자는 자사의 기존 고객을 빼앗아갈 능력이 있는가?
10. 우리는 지금 당장 도전자에게 반응해야 하는가? 아니면 단지 도전자의 활동을 주시해야 하는가?

만약 도전자의 제품에 대해 반응해야 한다는 분석 결과가 나왔다면 그에 따른 전략적 접근은 다음의 네 가지 방식을 참고하여 취할 수 있다. 즉, '제1원칙. 통찰을 결합하라'에서 검토된 공격적인 성장 목표와 전략에 더해진 두 가지 목적(고객 유지와 이탈 방지)을 취하면 된다. 전략을 확정할 때는 자사의 강점은 키우고 경쟁사의 강점은 약화시키는 방법을 지렛대로 고려해볼 수 있다. '그림 3.1'은 존 로버츠(John Roberts) 교수가 최초로 소개한 내용으로 선도자의 전략에 대해 설명하고 있다. 이를 통해 자사의 비즈니스를 보호하기 위한 전략을 개발할 수 있다.

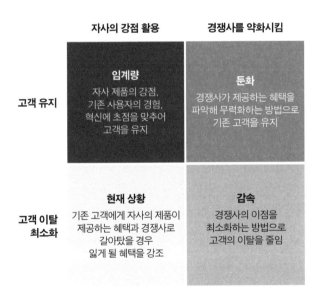

그림 3.1 선도자 전략

맥도날드는 자사의 이점인 일관성과 입지 조건을 강화하는 한편, 건강 식단과 음료수를 계속 확장하는 방법으로 기존 고객 유지에 성공한 선도자로 꼽힌다. 던킨 도너츠(Dunkin Donuts)는 경쟁사(스타벅스)의 이점을 파악한 뒤 둔화시키는 방식으로 기존 시장을 보호했다. 이는 일반 고객들이 던킨 도너츠의 커피 맛을 더 좋아한다는 사실을 보여준 사례였다. 보험 업계에서 스테이트 팜(State Farm)은 프로그레시브(Progressive)나 게이코(Geico) 같은 보험 회사에 젊은 고객을 빼앗기는 시간을 줄이려고 노력했다. 스테이트 팜은 광고 캠페인에서 고객이 더 저렴하고 자동화된 서비스를 제공하는 보험 회사로 갈아타는 즉시 맞춤형 서비스를 놓칠 수 있다는 메시지를 강조했다.

끝으로 선도자가 도전자를 무력화하고 경쟁사의 이점을 최소화해 고객의 이탈을 낮추는 방법이 있다. 구글이 구글 플러스(Google+)로 소셜 미디어 업계에 등장했을 때, 페이스북이 활용한 접근법이다. 페이스북은 구글 플러스의 혜택을 경시하는 동시에 사용자의 경험을 강화하기 위해 자사 제품의 특징과 이점을 계속 갱신해나갔다.

새로운 도전자가 시장에 진입할 때, 자사의 비즈니스를 유지하고 성장시키는 데 필요한 통찰력과 대안을 얻기 위해 선도자 전략 매트릭스(Leader Strategies Matrix)를 활용할 수 있다. 전략적 대안을 검토할 때는 다음에 제시한 격변 상황을 잘 인식해야 한다. 이는 시장의 선도자로서 현재의 위치를 위험에 빠뜨릴 수도 있는 상황에 해당하기 때문이다.

- 저가 시장을 빼앗기면 잠재적으로 중가 시장도 빼앗기게 됨
- 리더의 핵심 역량과 능력으로 성공할 수 있다는 확신도 없으면서 도전자가 창출한 신규 시장에 진입함
- 기존 고객의 비충족된 니즈나 기업의 과제를 제대로 파악하지 못한 상태에서 신규 고객을 맞이함
- 자사가 현재의 상품화에만 주력하면 가치 사슬에서 더 이상의 수익을 낼 수 없음
- 도전자의 새로운 비즈니스 모델을 자사의 현행 비즈니스 모델에 추가함
- 적절한 시기에 도전자와 맞서 싸우지 않고 너무 빨리 도전자에게 시장을 빼앗김
- 트레이드오프(상쇄관계)에 실패하고 모든 고객에게 모든 것을 만족시키려고 시도함
- 어느 분야에서든 최고의 가치를 제공하고자 아무 분야에나 자원을 배분한 결과, 주력 분야를 살리지 못함
- 고객의 요구를 더 효과적으로 혹은 더 효율적으로 처리하는 방법과 관련된 통찰력을 강화하지 못함
- 기존 고객에게만 집중하느라 신규 고객이 자사 제품 및 서비스로 갈아타는 데 드는 교환 비용을 제대로 고려하지 못함

■ 새로운 비즈니스 모델을 출시할 때, 기존 관점과 ROI (투자수익률) 매트릭스에 의존함

∷ 도전자 전략

도전자는 시장에 새로 진입했다거나 그 밖의 여러 이유로 제2 혹은 제3의 위치에 있는 기업이나 제품 혹은 서비스의 경쟁력 상태를 이른다. 도전자는 이미 시장에서 선도자 자리에 오른 기업을 모방하는 경향이 있다. 그래서 선도자에 비해 턱없이 부족한 자원과 낮은 브랜드 인지도 때문에 고전할 수 있다. 새로 출시된 제품의 실패율이 50%에 달할 정도로 높은 이유는 도전자가 고객의 요구보다 제품에만 초점을 맞추어 시장을 보는 것이 가장 큰 이유다. 시장에 항상 '모방' 제품만 출시하는 기업은 잠재 고객을 실망시킬 뿐만 아니라 영업 사원들의 사기마저 떨어뜨리게 된다. 상품 판매를 유도할 만큼 차별화된 가치가 없기 때문이다.

시장에서 자사의 경쟁력 상태가 도전자라고 생각된다면 다음의 11가지 질문을 고려해봐야 한다. 선도자를 이길 방법과 관련해 리더의 사고 과정을 자극하고 생산적인 대화가 가능하도록 돕는다.

탁월한 전략이 미래를 창조한다

1. 현재 고객의 요구나 기업의 과제 중 충족시키지 못한 것은 무엇인가?
2. 선도자의 서비스를 충분히 받지 못한 고객층은 누구인가?
3. 선도자의 제품이 자사의 것과 다른 혜택을 제공했는가?
4. 선도자가 기능성, 품질, 신뢰성, 편리성, 비용에서 특별한 혜택을 제공했는가?
5. 선도사의 비즈니스 모델은 자사와 어떻게 다른가?
6. 선도자의 가치 제안은 무엇인가?
7. 선도자의 핵심 역량은 무엇인가?
8. 선도자의 상위 능력 세 가지는 무엇인가?
9. 자사는 선도자의 고객을 빼앗아올 능력이 있는가?
10. 자사는 비사용자를 고객으로 전환시킬 능력이 있는가?
11. 자사가 시장에서 성공의 발판을 가치 사슬의 어느 부분에서 세울 수 있는가?

이러한 질문들을 고려할 때, 리더는 도전자의 마음가짐을 갖는 것이 중요하다. 저자는 시장 선도자 브랜드를 가지고 있다가 도전자 브랜드로 돌아선 기업의 경영진을 본 적이 있다. 적절한 사고방식과 태도로 임하지 않은 것이 원인이었다. 도전자의 마음가짐으로 자사의 자원을 정확히 파악해 진정한 트레이드오프(상쇄관계)를 구축하고 오직 한 분야에만 집중하는 훈련이 필요하다. 그래야만 자사의 목표 고객에게 차별화된 위대한 가치를 제공할 수 있다. 자원이 부족하다고 투덜대지만 말고 안전책을 강구할 목적으로 모든 분야에 조금씩 관여하려는 태도부터 바꿔야 한다. 정말 혁신적인 일을 하려면 제대로 리스크를 파악하고 업계의 관행을 깨뜨릴 수 있어야 한다는 말이다.

달나라로 가는 로켓이 대기권의 중력을 벗어나려면 반드시 가속도를 발생시켜야 한다. 그래서 처음 발사될 때 공급된 연료의 절반가량을 소모한다. 같은 방법으로 도전자도 목표 고객을 빼앗아 오려면 선도자의 중력을 무력화할 만큼 많은 자원을 투입할 준비가 되어 있어야 한다. 선도자가 그 자리에 오름에 따라 업계와 고객은 그들이 주도하는 암묵적인 시장의 규칙을 따를 때가 많다. 예를 들어, 호텔 업계에서는 오전 11시가 체크아웃의 표준이 되었다. 신용카드 업계에서는 체납에 따른 금융 수수료가 붙는 것이 표준이고 석유 업계에서 고객은 주유소에서 주유하는 것이 표준이다.

업계 표준은 고객에게 다른 선택권이 없다는 뜻이다. 이는 고객에게 일련의 선택권을 제공하는 트레이드오프와는 다른 것이다. 예를 들어, 고객은 X를 선택할 수 있지만 Y는 선택할 수 없다. 저렴한 요금으로 목적지까지 날아갈 수는 있지만 7시간 동안 두 지역을 경유해야 한다. 선택은 고객에게 달려 있다. 하지만 업계 표준에는 선택권이 없다. 그러니 고객친화적인 접근으로 업계 표준을 타파하는 창의적인 방법을 찾아내야 한다. 그래야만 경쟁에서 살아남을 수 있다.

도전자는 표준규범 이탈 매트릭스(Norm Deviation Matrix)를 사용하여 기존 시장과 완전히 차별화된 가치를 제공하는 잠재적 방안을 마련할 수 있다. '표 3.1'은 표준규범 이탈 매트릭스가 어떻게 만들어지는지 보여주고 있다. 맨 왼쪽 칸은 제품이나 서비스에 대한 고객의 지속적인 경험으로 이루어진 요인이다. 이들 요인은 획득으로 시작해 사용, 서비스, 보완재, 진화로 진행된다. 중앙에 위치한 칸은 해당 비즈니스에 따른 특정 표준과 시장이 포함된다. 그리고 오른쪽 칸은 이러한 표준에서 이탈할 수 있는 고객친화적인 방법이나 해결책이 포함된다.

표 3.1 표준규범 이탈 매트릭스

요인	표준규범	해결책
획득 (구매/전달)	**자동차 임대** 렌터카 인수 시 고객이 직접 대리점까지 가야 함	고객을 데리러 온 엔터프라이즈 렌터카
사용	영화관 음식 종류가 매우 적고 술도 없고 좌석 예약 불가	응접실 같은 분위기에서 고가의 음식과 술을 제공하고 좌석을 예약할 수 있는 선택권을 제공한 iPic 극장
서비스	**기술 지원팀** 고객은 컴퓨터를 수리받으려면 전화 통화로 도움을 받거나 멀리 있는 수리점까지 직접 컴퓨터를 날라야 함	1:1 방식으로 고객의 컴퓨터 수리를 지원하기 위해 대리점에 지니어스 바 (Genius Bar)를 설치한 애플
보완재	**집안 청소** 딱딱한 마룻바닥을 청소하려면 양동이, 대걸레, 세정액이 필요함	세정액이 내장되고 쉽게 탈착할 수 있는 젖은 천과 마른 천을 활용한 스위퍼(P&G의 스위퍼)
진화 (최종 사용, 다음 사용, 처리)	**청소기** 먼지 봉투의 구매, 제거, 교환이 불편함	제임스 다이슨은 먼지 봉투가 필요 없고 투명한 용기가 부착되어 쉽게 먼지를 비울 수 있는 청소기를 개발함

'표 3.1'에 소개된 사례를 보자. 자동차 렌탈 시장의 획득 요인(구매/전달)에서 렌트카를 사용하려면 예약 고객이 업체 대리점까지 직접 가야 하는 표준규범이 있었다. 그러나 엔터프라이즈 렌터카는 차가 없는 고객을 직접 데리러 오는 선택권을 제공하기 위해 지점 설치 비율을 90%나 증가시켰다. 이러한 방식으로 표준규범을 이탈하여 차별화에 성공하였다.

한 가지 사례를 더 살펴보자. 술을 마실 수 있고 좌석을 지정받을 수 있는 극장은 오랫동안 없었다. 게다가 제공되는 음식 종류도 턱없이 부족했는데 이런 상황이 극장의 표준규범으로 오랫동안 유지되었다. iPic은 고객들에게 고가의 음식과 술을 제공하고 지정좌석제를 도입했다. 고객의 사용 요인에 대한 표준규범을 이탈한 것이다. 표준규범 이탈 매트릭스를 효과적으로 사용하려면 고객의 지속적인 경험에 영향을 미치는 요인에 해당하는 표준규범을 알아내고 이를 타파할 수 있는 잠재적인 대안을 진지하게 고민해야 한다.

업계의 표준규범을 깨뜨려 고객을 위한 새로운 가치를 창출하는 것과 더불어 경쟁사의 시장점유율을 빼앗고 비이용자를 고객으로 전환하는 방안이 도전자의 목적이 될 수 있다. 도전자는 자사의 강점을 지렛대로 이용하고 경쟁사의 약점을 활용하는 전략을 통해 이러한 목적을 성취할 수 있다. 도전자는 잠재적인 전략을 개발하는 데 '그림 3.2'에 제시된 도전자의 네 가지 전략을 활용하여 가시적으로 전략 지도를 그려볼 수 있다.

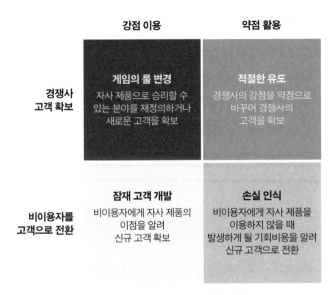

	강점 이용	약점 활용
경쟁사 고객 확보	**게임의 룰 변경** 자사 제품으로 승리할 수 있는 분야를 재정의하거나 새로운 고객을 확보	**적절한 유도** 경쟁사의 강점을 약점으로 바꾸어 경쟁사의 고객을 확보
비이용자를 고객으로 전환	**잠재 고객 개발** 비이용자에게 자사 제품의 이점을 알려 신규 고객 확보	**손실 인식** 비이용자에게 자사 제품을 이용하지 않을 때 발생하게 될 기회비용을 알려 신규 고객으로 전환

그림 3.2 도전자 전략

경쟁사의 고객을 빼앗아온 예로서 서커스와 극장을 혼합한 '태양의 서커스(Cirque du Soleil)'처럼 도전자는 게임 자체를 변경하는 전략을 설계해볼 수 있다. 이들은 기존 서커스로는 만족할 수 없던 최고급 고객에게 새로운 경험을 제공하는 전략을 폈다.

또한 도전자가 경쟁사의 고객 중 일부를 끌어올 목적으로 경쟁사의 강점을 약점으로 바꾸는 유도 방법(judo method)을 활용할 수도 있다. 일본어로 '부드러운 방법'이라는 뜻의 유도는 상대방의 강점과 체중을 활용해 상대방을 역공하는 데 초점을 맞춘다.[7] 적수의 강점을 약점으로 바꾸고 이를 다시 자신의 강점으로 돌리는 방법이다. 이러한 시도는 할인점인 타겟(Target)이 월마트(walmart)를 상대로 시도한 접근법에서 찾아볼 수 있다. 월마트가 매일 저가의 제품을 판매해 상품의 품질을 제한하는 데 반해 타겟은 더 세련된 가치의 상품을 제공한다는 사실을 암시하여 고객에게 어필하였다.

또한 도전자는 자사 제품의 강점을 이용하여 비사용자를 고객으로 전환할 수 있다. 현재 시장에서 어느 상품도 구매하지 않은 잠재고객에게 자사 제품의 혜택을 상세히 알리는 것이 핵심이다. 스카이프(Skype)는 마이크로소프트에 인수되기 전, 비이용자를 대상으로 화상통화의 이점을 성공적으로 제공했다. 많은 경우 스카이프는 해외에도 화상통화를 무료로 실시했다. 그들은 시장에 성공적으로 진입하려고 노력하는 동시에 멀리 떨어진 사람들이 서로 볼 수 있는 이점을 널리 홍보했다. 또한 사람들이 화상통화를 통해 친밀한 관계를 유지할 수 있다는 사실에 착안하여 가족이나 친구들을 더 많이 연결하는 전략을 펴 시장에서 성공할 수 있었다.

시장에서 자사의 제품을 이용하지 않는 사람들에게 그들이 놓치고 있는 것이 무엇인지 경각심을 일깨우는 것도 비이용자를 고객으로 전환하는 또 하나의 방법이다. 온라인 데이트 사이트인 매치닷컴(Match.com)은 이러한 손실인식 전략을 이용해 애인이 없는 사람들에게 이 사이트의 회원이 되지 않으면 완벽한 애인을 놓칠 수도 있다는 사실을 알려 주었다. 도전자로서 자사 제품을 이용하지 않을 때 발생가능한 기회비용에 대해 설명할 수 있는가? 노벨상 수상자인 대니얼 카너먼(Daniel Kahneman)과 아모스 트베르스키(Amos Tversky)가 진행한 연구에 따르면, 사람들은 잃는 것과 얻는 것이 같다면 잃는 것에 대한 생각이 더 큰 동기부여가 된다고 했다.[8] 그러므로 자사 제품을 사용해 얻게 되는 혜택보다 그것을 사용하지 않아 잃게 되는 고객 손실을 더 강조하라. 이렇게 하면 잠재 고객의 의사결정 과정에 큰 영향력을 미칠 수 있다.

　　도전자 전략 매트릭스는 약자(도전자)에게 비즈니스 수익성을 높이는 몇 가지 방법을 탐색할 수단을 제공한다. 이는 선도자의 고객을 빼앗거나 비이용자를 고객으로 전환하는 방법을 활용한다. 이러한 잠재적 전략을 검토할 경우, 도전자의 상승 궤도 진입을 지연시키는 다음과 같은 난기류에 주의해야 한다.

- 시장의 선도자를 똑같이 모방함
- 결정적인 순간에 자원의 집중 배분에 실패함
- 업계와 시장의 규칙 안에 그대로 머물러 있음
- 시장의 선도자나 다른 도전자들의 활동에 즉각 반응함
- 제품 간 치열한 전쟁에 말려듦
- 목표 고객의 핵심 니즈와 자사의 과제에 대한 인식이 부족함
- 자사 제품의 가치를 알아보는 특정 고객층에 대한 이해가 부족함
- 시장의 선도자가 그 자리를 계속 유지하도록 허용함
- 시장의 모든 것을 단 한 번에 파악하려고 애씀
- 현 상태를 벗어나 시장을 뒤흔드는 데 실패함
- 차별화된 가치를 제공하는 가치 사슬에서 많은 이익을

창출하는 지점을 알아내지 못함

■■ 방관자 전략

수많은 제품과 서비스가 매년 시간과 예산을 배정받기만 하고 고객을 위한 가치나 기업의 이익을 창출하지 못하는 상황에 처해 있다. 방관자는 경쟁사의 움직임에 아무 생각 없이 반응하거나 경쟁사가 계속 성장하도록 수수방관한다.

관리자는 바로 '자사의 비즈니스 흐름을 통제하는 데 책임을 진 사람'으로 정의할 수 있다. 더 이상 가치 창출과 이익 창출이 없는 제품과 시장, 고객에게서 발을 떼는 것 역시 중요한 책무다. 엑슨모빌(Exxon Mobil)의 리 레이먼드(Lee Laymond) 최고경영자는 재임 기간 동안 해마다 기업의 자산 중 3~5%는 분할해야 한다고 요구했다.[9] 이런 식의 요구를 한 것은 직원들이 실질적인 트레이드오프를 진행하는 훈련을 할 수 있도록 그들의 마음가짐을 다시 일깨웠다는 데 의미가 있다.

저자는 전 세계의 최고 경영진들과 전략 상담을 진행하면서 적극적인 이탈과 수동적인 이탈이라는 두 가지 유형의 이탈이 있다는 사실을 알게 되었다. 먼저 적극적인 이탈에는 한 달을 기준으로 자원을 배분할 분야를 검토하고 현재 효과가 없거나 가치를 창출하지 못하는 활동, 프로젝트, 리포트, 전술은 폐기하는 것이다. 연구에 따르면, 수익 증대의 가장 큰 동력은 실적이 낮은 분야의 자원을 전도 유망한 다른 분야로 재배분하는 데 있다.[10]

하지만 대부분의 조직에서 전략 기획은 핵심 비즈니스 현안에 대한 활발한 논의가 아닌 연례행사에 불과하고 수동적인 이탈이 지극히 일반적이다. 수동적인 이탈을 보이는 경영진은 변화를 시도하는 기획 시즌이 도래하기를 기다리는 경향이 있다. 하지만 이들이 이룬 변화는 차별화를 꾀하기에는 턱없이 부족했다. 15년 간 기업 1,500개를 대상으로 연구한 결과, 해당 비즈니스 중 정확히 1/3이 전년도에 지원받은 자금과 동일한 액수를 지원받은 것으로 드러났다.[11]

전략기획 과정에서 부서원들이 모든 시간을 투자한 결과, 의미 있는 자원 배분을 이루었는가? 대부분의 리더에게는 해마다 시장의 변화와 고객의 가치 동인 변화, 경쟁 상황 전망에서 변화가 감지된다. 하지만 이들이 자원을 배분한 분야와 그에 상응하는 자금의 배분에서 변화는 거의 없어 보인다.

만약 리더로서 적극적인 이탈에 정기적으로 관여하지 않는다면, 직원들의 시간과 예산을 엄청나게 낭비할 가능성이 무척 크다. 다음은 트위터(Twitter)의 공동창업자인 에반 윌리엄스(Evan Williams)가 경영자에게 보내는 충고다. "나는 신규 기업의 창업자를 만나면 거의 항상 이렇게 충고한다. '덜어 내라' 지나치게 많은 일을 하면 산만해진다. 그 일들 중 극소수만 성공한다."[12] 일을 덜어 내는 규율은 지금 하는 일로부터 이탈하는 능력에서 시작된다.

자사의 제품이나 서비스에서 방관자의 역할이 발견된다면 다음
의 다섯 가지 질문에 정직하게 답변해야 한다.

1. 우리는 왜 이 범주 속에 있는가?
2. 이 제품의 비즈니스에서 수익성을 내고 있는가?
3. 주요 고객에게 유례없는 가치를 제공하고 큰 수익을 내
   려면 제품을 어떻게 재설계하고 시장 전략을 바꿔야 하는
   가?
4. 이 제품의 공급을 중단한다면 우리에게 가장 소중한 고
   객들을 놓치게 되는가?
5. 이 제품의 공급을 중단하고 수익성이 더 높은 제품에 자원
   을 집중하면 시장에서 더 큰 가치를 창출할 수 있는가?

전략을 개발할 때 시장에서 자사의 위치를 고려해야 한다. 이는
전제 조건이다. 그렇게 하지 않으면 험난한 상황을 각오해야 한다.
기업의 경쟁 상태가 선도자인가, 도전자인가, 방관자인가? 자사의
위치와 자사가 어떤 것을 하려는지 반드시 제대로 파악해야 한다.

▪▪ 경쟁우위를 개발하라

한 기업이 시장에서 경쟁우위를 유지하는 기간을 주제로 한동안 논쟁이 벌어졌다. 대부분의 기업은 고객에게 최고의 가치를 제공하는 것을 목표로 삼고 있다. 단, 고객으로부터 이익을 창출하는 한 말이디. 연구에 따르면, 차별화를 통해 최고의 가치를 제공하는 것이 수익을 창출하는 최선의 방법이었다고 한다. 40년 간 기업 25,000개를 연구한 결과, 적극적 차별화를 통해 최고의 가치를 전달한 기업이 가장 높은 총자산수익률(ROA)을 달성한 것으로 나타났다.[13] 기업 200곳을 대상으로 진행한 다른 연구 결과에서도 상위 20%의 금융인 중 93%는 그 핵심에 강력한 차별화 전략을 갖고 있었다.[14]

차별화 전략이 있어야 다른 경쟁사의 제품에 비해 상대적으로 고가의 가격을 책정하거나 경쟁사보다 비용을 절감할 수 있다. 또는 일정 기간 가격과 비용 측면 모두에서 경쟁우위를 점할 수 있다.

ESPN의 존 스키퍼(John Skipper) 회장은 차별화에 대해 이렇게 설명했다. "만약 지금 경쟁에 뛰어들려면 반드시 차별화된 전략이 있어야 한다. 경쟁사와 똑같은 방식으로 시장에 진입한다면 아무 가치도 창출할 수 없다."[15]

고객에게 최고의 가치를 전달할 만한 진정한 차별화를 창조하고 개발하고 발견하려면 시간과 사색 그리고 자사의 자원을 트레이드오프(상쇄관계) 할 수 있는 용기가 필요하다. 지적(知的)이지만 게으른 리더들은 경쟁사와 유사한 제품이나 서비스를 제공하는 방식을 지름길로 삼는다. 단지 살짝 더 나은 제품을 만들려고 노력하지만 진정한 차별화를 꾀하지 못한다. 이런 리더들은 연구진이나 개발진들이 내놓는 제품이나 서비스가 아무런 차별화를 가져오지 못한다고 항상 불평한다. 보라. 생수를 파는 사람들이 차별화 방법을 찾지 못한다면 그때는 리더가 나서야 할 때다. 생수가 가장 흔한 생필품이라고 주장하는 사람이 있을지도 모른다. 그러니 기존 관례대로 생수를 생산하는 사람들은 모두 같은 시장점유율을 기록할까? 아니, 그렇지 않다. 시장조사 업체인 인포메이션 리소스(Information Resources Inc.)에 따르면, 네슬레 워터 퓨어 라이프(Nestle Water Pure Life)는 2012년 5월 생수 분야에서 시장점유율 10%를 기록했다. 반면 폴란드 스프링스(Poland Springs)의 시장점유율은 6%에 그쳤다.[16]

하버드 경영대학원 전임 교수인 테오도르 레빗(Theodore Levitt)은 차별화의 중요성을 이렇게 강조했다. "세상에 같은 상품은 존재하지 않는다. 적어도 경쟁적 입장에서 본다면 그럴 필요도 없겠지만. 모든 것은 다르다. 사실 대부분 차별화된 것이다. 모든 상품과 서비스는 차별화될 수 있다."[17]

대부분의 리더는 많은 부분에서 가치 있는 차별화를 꾀하고 있다면서 자기 자신을 속인다. 베인앤컴퍼니(Bain & Company)는 경영진과 고객을 대상으로 자사 제품에 어느 정도의 차별성이 있는지 조사했다. 연구진은 다음과 같은 결론을 내렸다. "우리 경영진 중 80%가 자사 제품에 대해 높은 차별화를 인식하는 데 반해 그러한 생각에 동의를 표한 고객은 8%에 불과했다."[18] 차별화된 가치는 기업이 결정하는 것이 아니다. 그것은 고객이 결정하는 것이며 기업

이익으로 나타날 뿐이다.

경쟁우위는 능력에 뿌리를 둔 차별화를 기반으로 최고 가치를 전달하는 능력이라고 정의 내릴 수 있다. 능력은 경쟁력 있는 자원과 활동으로 구성된다. 능력은 기업이 가진 자원을 활용하여 일(활동)하는 것이다. 최고의 제품이나 더 좋은 서비스를 제공하는 것을 경쟁우위라고 정의하지 않는다. 결국 최고와 차선은 고객과 고객이 추구하는 가치 유형에 따라 정해지는 주관적인 것이기 때문이다.

하버드 경영대학원의 마이클 포터(Michael Porter) 교수는 이렇게 말했다. "세상에 최고의 자동차 기업은 없다. 물론 최고의 자동차도 없다. 그 누구보다 특별해지려고 경쟁할 뿐이다. 홀 푸드 마켓(Whole Foods Markets)은 단지 훌륭한 식품점이 되려고 노력하지 않는다. 그들은 특정 고객군의 니즈를 만족시키려고 노력할 뿐이다."[19]

저자의 전략 개발 워크숍에 참석한 경영진들이 경쟁에 대해 보여준 통찰력은 놀랄 만큼 부족한 편이었다. 남미가 근거지인 한 매우 성공적인 모바일 기술 기업의 경영진은 업계에 몸담은 기간이 각각 20년 이상인 임원들이었다. 그들은 시장에서 경쟁사의 전략 접근법을 명확히 설명하지 못했다. 물론 입지 조건, 인원 수, 서비스 분야, 계약 방법, 제품 만족도 등 경쟁사에 대해 많은 정보를 알고 있었다. 하지만 정보(사실)는 통찰력과는 다르다. 통찰력이란, 서로 연관되지 않은 단편적인 정보를 하나로 종합하여 새로운 의미를 발견해내는 능력이다. 리더의 통찰력으로 시장에 있는 경쟁사의 전략적 의도와 상대적 강점이나 약점을 밝혀내야 하는 것이다.

경쟁우위 프로파일(Competitive Advantage Profile)은 경쟁사의 전략적 의도를 파악하는 유용한 수단이 될 수 있다. 이는 간결하지만 종합적인 방법으로 기업의 강점과 약점 혹은 유사점과 이것들이 왜 그토록 중요한지 그 이유를 제대로 이해할 수 있게 해준다.

'표 3.2' 경쟁우위 프로파일 견본은 자사와 경쟁사들을 비교, 분석해 경쟁사가 어떤 기반으로 우위를 점하려고 했는지 파악할 수 있도록 해준다. 이 프로파일을 통해 경쟁에서 승리하는 발판을 마련하기 바란다.

표 3.2 경쟁우위 프로파일

	자사	경쟁사 1	경쟁사 2
위치 (경쟁력 상태)			
핵심 역량 (전문지식)			
능력 (자원/활동)			
고객 (목표 고객)			
니즈 (기업의 과제)			
접근법 (가치를 전달하는 방법)			
혜택 (이점)			

탁월한 전략이 미래를 창조한다

가치 제안 (메시지)			

위치는 한 기업의 경쟁력 상태를 나타낸 것으로 시장에서 해당 기업의 현재 위치를 말한다. 즉, 선도자, 도전자, 방관자로 나눌 수 있다. 자사의 위치에 대해 논하고자 한 경우, 경쟁력 상태(예를 들어, 시장점유율, 수익, 매출액, 이익 등)를 묘사하기 위해 필요한 어떤 측정 기준 혹은 매트릭스를 정할 필요가 있다. 이러한 논의에는 경쟁사가 그 위치를 유지할 수 있는 이유에 대한 사전 토론이 반드시 선행되어야 한다. 만약 경쟁사가 선도자라면 어떻게 그 자리에 올랐는지 그 동인을 먼저 밝혀야 한다. 예를 들어, 선발자의 우위, 최고의 지적 자산, 친숙한 브랜드 등을 꼽을 수 있다. 일단 경쟁우위 프로파일의 빈칸을 채워 넣었으면 경쟁사가 왜 그렇게 특정한 위치에 올랐는지 명확한 답변이 나와야 한다.

경쟁우위 프로파일의 두 번째 요소는 바로 핵심 역량이다. 1장의 '결합 원칙'에 기술되었던 설명을 떠올려보면 핵심 역량은 전문성의 최우선 부분을 차지한다. 이는 지식과 스킬 그리고 테크놀로지에 내재된 조직의 집합적 학습(collective learning)이다. 그리고 핵심 역량이란, 그들이 경쟁력 있는 탁월한 방식으로 가치를 전달하는 능력을 기반으로 나름의 역할을 하는 노하우다. 기업이 핵심 역량을 발휘한 예로, 버크셔 해서웨이(Berkshire Hathaway)의 분석과 노드스트롬(Nordstrom)의 고객 만족, 디즈니(Disney)의 창의성을 꼽을 수 있다.

경쟁우위 프로파일의 세 번째 요소는 바로 능력이다. 능력이란, 가치 창출을 목적으로 특정 활동을 수행하기 위해 자원을 이용하는 조직의 잠재력이다. 능력은 전략적 성공을 이루기 위해 주요 자원을 활용해 경쟁력 있는 활동을 펼쳐 나가는 것과 관련 있다. 능력을 잘 발휘한 예로 나이키의 브랜드 경영과 마블 코믹스(Marvel Comics)의 컨텐츠 목적 재설정(예를 들어, 만화책의 등장인물을 액션 영화의 배우로 완전히 변형시킴), 너프(Nerf)의 제품 개발을 꼽을 수 있다. 능력은 경쟁력 있는 적절한 활동이며 그것은 해당 비즈니스의 차별화된 가치 창출을 위해 자원을 이용하는 활동이라는 사실을 명심해야 한다.

경쟁우위가 '최고 가치를 전달하는 능력'으로 정의되기 때문에 어떻게 하면 경쟁사의 가치접근법과 자사의 가치접근법이 서로 일치할 수 있을지 정확히 아는 것이 중요하다. 이제 경쟁우위 프로파일의 네 번째 요소부터 일곱 번째 요소까지는 가치 제안을 별개의 요소로 구분한 것이다.

경쟁우위 프로파일의 네 번째 요소는 바로 고객이다. 해당 비즈니스는 자사의 제품 판매를 목적으로 시장의 특정 대상층을 겨냥한다. 다섯 번째 요소는 고객의 충족되지 못한 니즈 혹은 기업의 과제다. 그리고 여섯 번째 요소는 기업이 고객의 미충족된 니즈나 기업의 과제를 해결하기 위해 취하는 특별한 접근법이다. 일곱 번째 요소는 경쟁사의 제품이 고객에게 제공하는 혜택이다. 끝으로 여덟 번째 요소는 가치 제안 혹은 메시지를 요약한 것이다. 고객이 왜 다른 잠재적 선택들을 제쳐두고 해당 제품을 선택하는지 시장에 보내는 메시지다. 먼저 자사의 프로파일로 첫 번째 세로 칸을 완성한다. 그런 다음 그러한 차별화가 이익이나 불이익으로 작용하는지 확인하기 위해 주요 경쟁사들의 그것과 비교해볼 수 있다.

시장에서 경쟁사가 갖고 있는 이점의 원동력을 철저히 이해하면 추후 전략을 세우는 데 큰 도움이 된다. 글로벌 리더 2,135명을 대상으로 연구한 결과, 리더 중 53%만 자사의 전략을 설명할 때 경쟁사와 대비해 자사의 강점 개발에 초점을 맞춘다는 사실이 드러났다. 나머지 리더는 단순히 업계 최고의 관행을 따르고 운영 표준을 유지하는 것이 자신의 전략이라고 말했다.[20] 경쟁우위는 한순간의 꿈일 뿐이라고 생각할 수도 있다. 또한 경쟁우위의 원천을 후발주자가 조만간 모방한다는 주장도 나올 수 있다. 하지만 고객을 위한 최고의 가치 전달, 즉 경쟁우위를 점하기 위해 끊임없이 노력해야 한다는 사실에는 이견이 있을 수 없다.

■ 경쟁 정보를 먼저 확보하라

배우자, 파트너 혹은 그 밖의 중요한 사람들에 대하여 다음의 문장을 완성하라.

1. 그/그녀가 좋아하는 아이스크림 맛은 _____ 다.
2. 그/그녀가 다녔던 고등학교 이름은 _____ 다.
3. 그/그녀가 좋아하는 뮤지션 혹은 밴드 이름은 _____ 다.
4. 그/그녀가 좋아하는 음식은 _____ 다.

5. 그/그녀의 바지 사이즈는 _____ 다.

그렇다. 바지 사이즈는 부적절한 질문일 수도 있다. 그렇다면 앞의 질문들에 어떤 답을 내놓았는가? 완벽한 답을 알고 있는 질문이 몇 개인가? 질문의 주인공인 상대방은 모두 당신과 무척 친밀한 사람이다. 다섯 개 모두 맞췄다고? 정말인가?

저자는 한때 시장에서 선도자였던 조직에 전략 프로그램 교육을 실시한 적이 있다. 방 안에는 10여 명의 경영진이 모여 있었다. 이들의 평균 경력은 23년이었다. 업계와 고객, 경쟁사, 자사에 대한 전략적 사고 프로그램을 실행한 지 이틀 만에 이들은 다음과 같은 결론을 내렸다. "우리는 이 프로그램에 참석한 후, 우리가 알고 있는 전부는 자사의 비즈니스에 대한 내용이라는 사실을 알았다. 경쟁사에 대해서는 아는 것이 거의 없다니 정말 놀라운 일이다." 지난 5년 동안 시장 선도자로서 최고의 자리를 누렸지만 경쟁사에 시장점유율을 뺏기기 시작한 리더가 털어놓은 말이었다.

앞의 퀴즈에서도 확인한 바와 같이 단지 친하다거나 물리적으로 같은 공간을 점유한다고 반드시 그 사람에 대해 모든 것을 알고 있는 것은 아니라는 사실을 알았다. 이는 경쟁에 있어서도 마찬가지다. 같은 시장을 공유한다고 고객에게 더 큰 가치를 제공하기 위한 전략을 개발하는 데 도움이 되는 경쟁사의 핵심 사안을 모두 알 수는 없다. 앞에서 경쟁우위 프로파일을 작성하면서 당신이 미처 알지 못했던 사안들이 있을 수도 있다. 이러한 내용에 대한 인식의 부족은 비즈니스에서 매우 심각한 결과를 초래할 수 있다. 경영진 1,825

명을 대상으로 조사한 결과, 경쟁사가 출시한 신제품이 인기를 끌기 전에 자사가 바로 대처할 수 있을 정도로 그 사실을 일찍 알았다고 대답한 비율은 23%에 그쳤다. 오직 12%만 가격 변화에 대해 제때 알았던 것으로 드러났다.[21]

저자는 전략적 사고에 대한 교육 프로그램을 진행하던 중 이런 질문을 가장 많이 받았다. "어떻게 우리가 경쟁사와 관련된 모든 정보를 알 수 있겠는가? 특히 경쟁사가 유한회사인 경우에 말이다." 그러면 저자는 보통 이렇게 대답한다. "물론 모를 수도 있다. 하지만 자사와 타사의 제품을 두고 결정을 내리는 잠재 고객은 분명히 알고 있을 것이다." 자사와 타사가 전달한 가치와 투자 부문의 차이는 잠재 고객이 결정을 내릴 때, 가장 중요한 기준이 될 수 있다.

다음은 경쟁 정보를 확보하기 위해 우선적으로 노력해야 할 세 가지 입문 단계다.

1. 질문

첫 번째 단계는 당신이 강력한 경쟁 정보를 확보하기 위해 팀원들에게 몇 가지 질문을 하는 것이다. 이 질문을 효과적으로 하려면 전략적 사고 프로그램을 실행하기 전에 먼저 전략에 대한 조사를 실시해야 한다. 이렇게 하면 관리자는 중요한 비즈니스 현안에 대한 그들의 견해를 시간을 들여 숙고해볼 수 있다. 영향력을 미치는 다른 문제들은 잠시 뒤로 미룬다. 만약 팀원들에게 각자 생각할 시간을 주지 않으면, 자신의 관점을 이야기하는 대신 다른 이들의 의견에서 지적된 내용에만 잇달아 반응하게 된다. 질문 단계에서는 경쟁사의 환경을 충분히 탐색하도록 생각을 자극할 만한 질문과 도구를 체계적이고 포괄적으로 구성한다. 다음에 이러한 논의를 촉진할 만한 질문을 나열하였다.

- 가장 위협적인 경쟁사는 어디인가, 그 이유는 무엇인가?
- 자사 제품을 잠재적으로 대체할 수 있는 대체품은 무엇인가, 그 대체품은 같은 기능을 발휘할 수 있는가?
- 다음에 나열하는 간접적인 경쟁 상대, 즉 공급 업체, 고객, 대체품 또는 현 상태 중 자사의 수익성에 가장 큰 영향을 미치는 것은 무엇인가?
- 시장에서 승리하기 위해 투자하는 부분(예를 들어, 판매 인력, 마케팅, IT, 제품 혁신 등) 중 상위 다섯 가지 경쟁 요인은 무엇인가?
- 앞에서 언급한 상위 다섯 가지 경쟁 요인을 유념한 상태에서 타사의 경쟁 요인과 비교하여 자사의 자원 배분(시간, 직원, 예산)은 상대적으로 어떤 편인가?
- 자사의 제품이 고객에게 제공한 가치의 정도는 경쟁사에 비해 어느 정도인가?
- 작년에 경쟁사에 뒤진 세 가지 이유를 꼽는다면?

탁월한 전략이 미래를 창조한다

2. 연결

경쟁에 대한 토론을 하는 동안 해당 비즈니스에 긍정적인 영향을 극적으로 미칠 수 있는 수많은 통찰력이 드러난다. 그러면 경쟁 모델을 이용한 통찰력을 시각적으로 포착하고 싶어진다. 그와 동시에 고객 및 시장에 대한 통찰력과 경쟁에 대한 통찰력을 연결시키고 싶은 것이다. 또한 현실적으로 경쟁력 있는 상태로 발전하려면 내부 역량을 객관적으로 볼 수 있는 관점이 반드시 필요하다. 경쟁 우위 프로파일이 완성되면 경쟁 구도의 주요 양상에 대한 사람들의 생각을 포착할 수 있는 간단한 방법이 마련된다.

3. 실천

각 부서의 핵심 인력(영업, 비즈니스 개발, 관리자)들 간에 각자의 분야를 뛰어넘어 최고 수준으로 의사소통할 수 있는 통로를 개발하라. 이렇게 하면 직원들은 경쟁력 있는 새로운 통찰력에 매우 쉽게 접근할 수 있다. 경쟁력 있는 통찰력에는 그들이 다른 부서원들로부터 새로 배운 것을 공유하는 능력이 포함된다. 이렇게 되면 모든 사람들의 의사결정력은 향상된다. 이는 전략과 전술이 결코 진공상태에 갇혀 있지 않기에 가능하다. 또한 부서원들 사이에서는 전략이 모든 사람의 임무라는 의식이 형성된다.

각계각층의 사람들에게 통찰력이 무엇이고 이 통찰력을 어떻게 공유할 수 있는지 교육해야 한다. 동시에 전략이 그들의 임무라는 사실을 상기시켜야 한다. 전략의 정의는 이렇게 시작한다. '제한된 자원을 지능적으로 배분하는 것으로……' 사람들은 모두 시간과 재능, 예산을 포함한 자원을 갖고 있다. 자신이 보유한 자원을 어떻게 사용할 것인지 선택함에 따라 회사의 실질적인 전략이 확정된다. 다시 말해 그들의 성공과 실패가 결정된다.

■■ 트레이드오프 영역을 확인하라

훌륭한 전략은 본래 트레이드오프와 관련 있다. 한 길을 선택하고 다른 길은 가지 않는 것이다. 경쟁사들이 모든 제품을 모든 사람에게 판매하고자 시도하는 것은 가장 쉽게 이기기 위함이다. 훌륭한 기업은 트레이드오프를 감행한 결과, 그들로 하여금 극도로 집중해야 하는 분야를 개척하도록 만들었다. 그 결과로 해당 분야에 관한 한, 소비자의 인식 속에 독보적인 존재로 자리매김하게 된다. 위대한 기업의 이름을 거론하면 분명히 금방 머릿속에 떠오르는 이미지가 한 가지쯤 있을 것이다(예를 들어, '월마트' 하면 '저가'가 떠오른다). 그러나 평범한 기업들의 이름을 떠올리면 그 기업의 시장에서의 위치를 주로 찾게 된다. 그러다가 결국 그들의 시장 범주로 마무리짓게 된다. 최고 요구 수준에서 경쟁하려면 트레이드오프를 감행해야 한다. 때로 이들 트레이드오프에는 경쟁사가 할 수 없거나 하지 않을 것들도 포함된다.

세계 체스 챔피언인 게리 카스파로프(Garry Kasparov)는 승리 비결에 대해 이렇게 말했다. "그랜드 마스터 대회의 승자와 패자를 가르는 기준은 다른 사람들은 생각하지 못하는 것을 하려고 하는 의

지에 있다. 탁월한 전략은 분명히 지능과 관련된 문제다. 하지만 대담성이 없으면 지능도 소용 없다. 나는 체스 게임을 뒤엎고 상대방의 생각을 반전시킬 배짱이 있다. 그렇게 되면 상대방은 불안해질 수밖에 없다."[22]

자사의 트레이드오프를 경쟁사의 것과 비교 측정하는 데 유용하게 사용할 수 있는 트레이드오프 영역(Trade-Off Zone)이 있다. 트레이드오프 영역은 시장에서 부족한 부분 혹은 트레이드오프를 시각적으로 표현한다. 이 도구는 흔히 다섯 가지 트레이드오프 요인, 즉 품질, 편의성, 비용, 서비스, 제품 선택에 대해 살펴본다. 만약 고객의 가치 성향이 특별히 이색적이라면 그 요인은 추가될 수 있다. 경쟁사는 특정한 혜택을 전달하는 성과에 따라 각 요인에 대한 저, 중, 고 영역에 그려진다. '그림 3.3'은 트레이드오프 영역의 예시에 해당한다.

자사의 비즈니스에 적합하게 트레이드오프 영역을 그리려면 먼저 목표로 삼는 고객의 특정 유형을 선택해야 한다. 모든 고객을 만족시키려고 노력한다면 오히려 형편없는 전략이 나올 수 있다. 기업이 가치를 시장에 제공하는 방법에 만족하지 않는 고객들도 더러 있을 수 있다. 이는 트레이드오프가 제대로 이루어졌다는 신호로도 볼 수 있다. 중요한 것은 효과적인 전략은 일부 잠재 고객(내부 혹은 외부 고객)을 화나게 할 것이라는 점이다. 이러한 상황을 감수해야 한다. 진정한 리더가 모든 추종자들을 만족시키지 않는 것처럼 진정한 전략도 모든 고객을 만족시키지 않는 법이다.

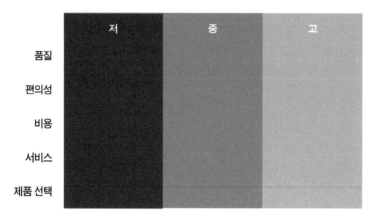

저　　중　　고

품질

편의성

비용

서비스

제품 선택

그림 3.3 트레이드오프 영역

그런 다음 관리자는 자사 제품을 각 트레이드오프 요인에 따라 목표 고객의 관점에서 저, 중, 고로 평가한다. 경쟁사 제품을 반영하여 트레이드오프 프로파일을 작성하면 트레이드오프 영역에서 차별화를 결정짓는 요인이 어디쯤 위치하는지 알 수 있다. 트레이드오프 프로파일이 경쟁 상대를 잘 반영한다면 고객 가치를 대상으로 한 트레이드오프 요인과 적극적으로 차별화를 창출하는 방법을 찾기 위해 필요한 과제를 수행해야 한다.

'그림 3.4'는 가상의 IT 기업 세 곳의 사례다. 테크노스타(Tech-noStar, 제품 선도자), 쿠스토솔루션(CustoSolution, 고객친화성), 쿠스트얼럿(CustAlert, 운영 효율성)은 각각 다른 세 가지 가치 원칙을 대표하고 있다.

트레이드오프 영역을 이용하면 각 기업이 그들의 제품을 고객들에게 홍보할 때 어떤 혜택 요인을 내세울지 분명해진다.

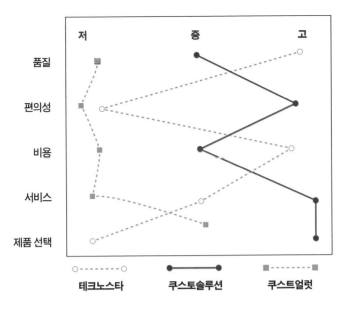

그림 3.4 세 기업의 트레이드오프 영역

고품질을 원하는 고객은 테크노스타를 선택할 가능성이 높다. 반면 비용 절감에 관심이 있는 고객은 쿠스트얼럿을 선호할 것이다. 높은 서비스와 제품 선택권을 원하는 고객은 쿠스토솔루션을 선호할 것이다. 가치 원칙을 기반으로 기업이 자원을 특정 분야에 파격적으로 투입한다면 혜택 요인 간의 차이가 점으로 연결되어 트레이드오프 파일상에 분명히 드러나야 한다. 기업이 고객에게 차별화된 가치를 전하면 트레이드오프 영역 내에 그 차이가 반영된다. 자사 제품의 가치 원칙이 모두 같다면 경쟁적 수렴(competitive convergence)에 처하게 된다. 혹은 경쟁 상대의 트레이드오프 프로파일을 그대로 반영하게 될 것이다.

다음 질문을 활용하여 트레이드오프 영역에 대해 심사숙고해 보자.

- 제품을 판매하고자 하는 특정 고객 유형을 설정했는가?
- 제품 판매 대상에서 제외한 잠재 고객 유형은 누구인가?
- 목표 고객이 가장 큰 가치를 두는 혜택 요인은 무엇인가?
- 트레이드오프 요인 중 목표 고객에게 제공하고자 하는 가장 차별화된 가치는 무엇인가?
- 중점을 두지 않기로 한 혜택 요인은 무엇인가?

해당 비즈니스에 적합한 트레이드오프 영역을 구성할 때는 목표 고객을 염두에 두어야 한다. 트레이드오프를 구성하는 방식이 모든 사람의 마음에 들 수는 없다. 그러므로 목표 고객에 따른 가장 적절한 가치 요인을 명확히 그려야 한다. 사실 타당한 트레이드오프를 기반으로 온전한 전략을 개발한다면 특정 유형의 잠재 고객은 당신의 트레이드오프 구성을 결코 좋아하지 않을 것이다. 이 점을 특히 이해하지 못하는 리더들이 있다. 그들은 "일부 잠재 고객은 결코 좋아하지 않을 것이란 말인가?"라고 되묻는다. 물론이다.

▓▓ 구글과 페이스북의 진짜 경쟁자는 누구인가

코카콜라 대 펩시. 나이키 대 아디다스. 구글 대 페이스북. 경쟁을 생각하면 우선 라이벌이 떠오른다. 하지만 기업 경쟁의 진정한 의미는 상대방을 이기는 데 있지 않다. 더 큰 이익을 창출하는 길이 기업의 진정한 목표라고 할 수 있다. 경쟁자와 직접 벌이는 싸움은 이익을 두고 벌이는 수많은 싸움 중 하나일 뿐이다. 이익을 두고 간접적인 경쟁을 벌이는 경쟁자로 고객, 공급 업체, 잠재 신규 기업, 대체품 생산 회사 등이 꼽힌다. 마이클 포터(Michael Porter)는 기업과 간접 경쟁자의 상호작용을 다섯 가지 경쟁 세력(Five Forces Of Competition)으로 기술했다.[23] "산업 분석의 요점은 해당 산업의 장점이나 단점을 밝히는 것이 아니라 경쟁의 토대와 수익성의 근본 원인을 이해하는 데 있다. 산업경쟁력을 형성하는 세력에 대한 이해는 전략 개발의 출발점이다. 이 다섯 가지 세력은 산업의 수익성과 그 요인을 잘 설명해준다."[24]

리더의 인식 속에 직접적인 경쟁 상대가 자리 잡는 동안 간접 경쟁자는 자사의 이익과 산업 가치 사슬의 자리를 어느새 잠식해 버릴지도 모른다. 버건(Bergen) 교수와 페테르프(Peteraf) 교수는 간접 경쟁자에 대해 이렇게 설명했다. "같은 자원을 가진 경쟁 기업들 중 중심 기업에 가장 큰 위협을 가하는 것은 바로 간접 경쟁자다."[25] 다음에 제시된 몇 가지 질문은 간접 경쟁자가 비즈니스에 미치는 영향력을 제대로 이해하기 위해 각 간접 경쟁자 유형(고객, 공급 업체, 잠재적 신규 기업, 대체품)에 맞추어 개발되었다.

다음 질문은 자사의 수익 부분에 고객과 그들의 영향을 염두에 두고 활용하면 더욱 유익하다.

- 과거에 큰 수익을 보장받기 위해 가격을 어느 정도까지 인상했는가? 했다면 그 이유는 무엇인가? 하지 못했다면 그 이유는 무엇인가?
- 고객의 마음속에 제품에 대한 차별화된 가치 인식을 심어준 적이 있는가?
- 시장에서 자사 제품을 다른 제품으로 바꾸려는 고객에게 부과되는 전환 비용이 있는가?
- 자사 고객이 산업 가치 사슬에서 자사의 일부로 후방으로 흡수될 만한 조짐이 있는가?
- 고객에게 돌아가는 이익은 어느 정도인가? 그만큼 이익을 내라는 압력은 어느 정도인가?

다음 질문은 공급 업체와 그 공급 업체가 자사의 수익 부분에 미치는 영향을 염두에 두고 활용하면 더욱 유익하다.

- 과거 2년 동안 공급 업체로부터 가격 인하를 받았는가?

받았다면 그 이유는 무엇인가? 받지 못했다면 그 이유는 무엇인가?

- 자사의 요구를 기꺼이 만족시킬 만한 잠재적 공급 업체는 몇 군데인가?
- 공급 업체가 자사의 비즈니스를 대신하는 비율은 어느 정도인가?
- 향후 공급 업체가 산업 가치 사슬 내 자사의 위치로 흡수될 만한 조짐이 있는가?
- 공급 업체의 이익은 어느 정도인가? 어느 정도의 압력을 받고 있는가?

다음 질문은 잠재 신규 기업과 그 기업이 자사의 수익 부분에 미치는 영향을 염두에 두고 활용하면 더욱 유익하다.

- 지난 2년 동안 시장에 새로운 경쟁사의 진입이 있었는가? 있었다면 그 이유는 무엇인가? 없었다면 그 이유는 무엇인가?
- 시장에 성공적으로 진입하는 데 필요한 자본과 지적 자산 수준은 어느 정도인가?

- 자사 시장은 더 많은 고객층에게 어필할 만한 기술력을 바탕으로 저비용에 더 간편하고 편리한 제품을 생산할 수 있는, 이른바 파괴적 혁신을 허용하고 있는가?
- 규모의 경제가 시장의 진입 장벽인가? 아니면 강점으로 작용하는가?
- 새로운 시장 진입을 완수하려면 충족되지 못한 고객의 니즈나 기업의 과제 중 해결해야 하는 것은 무엇인가?

다음 질문은 대체품과 그 대체품이 자사의 수익 부분에 미치는 영향을 염두에 두고 활용하면 더욱 유익하다.

- 지난 2년 동안 시장에 진입한 대체품이 있었는가? 있었다면 고객의 요구 중 무엇을 충족시켰고 어떤 방식으로 성공했는가?
- 현재 시장에는 나와 있지 않은 잠재적 제품에 고객의 요구를 만족시킬 만한 기능이 있는가?
- 대체품을 선택하려는 고객의 이탈을 늦추거나 멈출 만한 전환 비용으로는 무엇이 있는가?
- 시장의 어느 부문에서 대체품이 시장에 진입할 기회가

무르익었는가? 그 이유는 무엇인가?
■ 기능성, 편의성, 비용 면에서 대체품에 효과적으로 맞설
만한 제품을 계속해서 만들어낼 수 있는가?

■: 보이지 않는 경쟁자를 주시하라

직·간접 경쟁자와 더불어 무형의 경쟁자도 기업 이익에 영향을
미친다. 무형의 경쟁자는 본질적으로 눈으로 볼 수 없거나 만질 수
없는 요인과 관련 있다. 이들 요인은 기업의 이익에는 영향을 미치지
만 직·간접 경쟁자에는 포함되지 않는다. 여기에는 현 상태에 대한
익숙함, 무관심, 우선순위 등이 있다.

현 상태는 현재의 상황을 말한다. 그러므로 현 상태에 대한 익숙
함이란 잠재적인 변화보다 현재의 방식을 선호하는 사람들의 경향
이라고 할 수 있다. 변화에는 필연적으로 노력이 요구되므로 사람들
이 익숙함을 선호하는 것은 어쩌면 당연하다. 변화가 일어나기 위해
서는 사람들의 생각과 행동이 달라져야만 한다. 그리고 변화된 사고
와 행동은 불안과 불편을 유발할 수도 있다. 뿐만 아니라 사람들은
잠재적 실패를 무릅써야 하거나 그러한 위험에 노출되기도 한다.

하지만 현 상태가 바람직하지 않거나 변화로 인해 상황이 개선
될 수 있는데도 사람들이 현 상태를 선호한다면 안타까운 일이다.

심장 수술을 받은 환자들을 대상으로 실시한 몇몇 연구 결과에서 수술 이후 건강을 회복할 기회가 생겼는데도 대다수 환자들은 생활 방식을 바꾸라는 의사의 권고를 받아들이지 않은 것으로 드러났다. 다음은 존스 홉킨스 대학의 학장이자 이 대학병원의 최고경영자인 에드워드 밀러(Edward Miller) 박사의 설명이다. "관상동맥우회술을 받은 지 2년이 지난 사람들을 보면 90% 정도가 생활 방식을 바꾸지 않았다. 거듭된 연구에서도 마찬가지 결과를 보였다. 사람들은 자신이 심각한 질병을 앓고 있고 반드시 생활방식을 바꿔야 한다는 사실을 알고 있었지만 어떤 이유에서인지 결국 바꾸지 못했다."[26]

현 상태에 대한 익숙함은 조직 내부는 물론 외부적으로는 고객에게서도 찾아볼 수 있다. 현 상태에 대한 조직 내부의 익숙함은 전략기획 과정에서 경영자가 자원을 해마다 같은 방식으로 배분하는 것에서 분명히 드러난다. 시장과 고객, 경쟁사 혹은 자사에 대한 새로운 통찰력이 없다면 변화에 대한 기폭제도 있을 수 없다. 그래서 해마다 제안되는 대부분의 전략 기획이나 실적 역시 제자리걸음인 것이다. 실적 증가가 있다고 해도 극히 미미할 뿐이다. 현 상태에 대한 고객의 익숙함은 그야말로 만만찮은 경쟁 상대다. 기업이 신제품이나 서비스를 도입할 때는 고객의 생각과 행동에 대한 변화를 함께 요구하기 마련이다. 고객들이 어느 정도 적응 기간을 갖고 이러한 변화를 지지해주기를 바란다. 하지만 심장 수술 연구에서도 드러났듯이 생사의 기로에서도 변화는 극히 드물게 일어난다. 그래서 시장에서 도전자에 해당하는 경영자는 한 분야에 전폭적인 자원을 할당하거나 완벽히 초점을 맞출 필요가 있다.

다음 질문은 기업의 비즈니스 현안과 관련된 것으로 현 상태에 대한 고객의 익숙함을 극복하고자 할 때 고려해볼 만한 사항이다.

- 자사의 현 상태를 제대로 설명할 수 있는가?
- 현 상태에 맞설 수 있는 잠재적 대체안을 모두 꼽는다면 무엇인가?
- 경쟁사가 현 상태를 벗어나려고 하는 이유 중 가장 설득력 있는 사안은 무엇인가?
- 변화에는 어떤 행동의 수정이 필요한가?
- 어떤 도구와 기술, 지원이 있어야 지속적인 변화가 가능한가?

무관심은 또 다른 무형의 경쟁자로 기업이 이익을 높이는 데 방해가 될 수 있다. 이는 어떤 것에 대한 관심 부족이나 흥미 부족으로 설명된다. 즉, 제품, 서비스, 행사, 개인, 상황 등에 대해 가까운 장래에 보이게 될 냉담한 태도를 일컫는다. 리더는 당시 유행하는 시책을 무분별하게 줄줄이 늘어놓을 때, 내부의 무관심을 맞게 된다. 리더가 해당 전략의 의미가 무엇이고 왜 개발해야 하며 그 전략이 직원들의 업무에 어떤 의미가 있는지에 대해 시간을 두고 직원들과 공유하지 못하면 내부의 무관심이 발생한다.

저자는 이러한 현상을 '전략의 10계명 접근법(10 Commandment

Approach to Strategy)'이라고 표현했다. 이 접근법은 경영자가 파워 포인트로 제작한 전략기획 프레젠테이션을 45분 만에 발표하고 직원들과 해당 전략에 대한 소통이 이루어졌다고 짐작되면 "자, 이제부터 진짜 전략을 세우세요."라고 선언함으로써 완성된다.

또한 영업 사원이 고객과 대화를 나눌 때도 무관심에 직면한다. 영업 사원은 고객이 불만족하는 제품이나 서비스를 판매하려 할 때 그들의 냉담한 눈빛과 마주하거나 "알 게 뭐람?"이라는 소리를 듣게 된다. 물론 뛰어난 영업 사원이라면 고객과 신뢰 관계를 쌓거나 좀 더 호감을 살 만한 제품을 끼워 넣거나 경쟁사의 제품에 의혹의 씨앗을 심는 방식으로 판매 방법을 찾는다. 하지만 기업의 제품 개발부와 연구 부서 혹은 마케팅 부서가 애초부터 목표 고객을 위한 차별화된 가치에 초점을 맞추었다면 그들의 무관심은 피할 수 있는 문제다.

다음 질문은 비즈니스 현안과 관련된 것으로 무관심을 극복하고자 할 때 고려해볼 만한 사항이다.

- 무관심의 원인은 무엇인가?
- 무관심의 범위나 깊이는 어느 정도인가?
- 무관심과 관련된 요인은 무엇인가?
- 무관심을 극복하기 위한 방안을 모두 열거해 본다면?
- 다른 산업, 조직, 상황에서 무관심을 극복하는 방안에는

어떤 것들이 있는가? 그리고 그것을 자사의 경우에 어떻게 적용할 수 있는가?

수익 증대를 방해하는 또 다른 요인으로 합의되지 못한 우선순위를 꼽을 수 있다. 내부적으로 각기 다른 팀의 팀원들이 저마다 다른 목표에 부과된 업무를 맡다보니 우선순위는 분명히 무형의 경쟁 상대다. 한 브랜드 팀(brand team)이 성과 보상금 제도를 기반으로 판매 인력의 시간을 더 많이 챙기는 경우도 흔한 일이다. 성과 보상금 제도의 중요성을 기반으로 자기 팀의 우선순위(X 브랜드를 더 많이 팔고 있다)와 판매 인력의 우선순위(Y 브랜드가 이익이 더 많이 나 Y 브랜드를 더 많이 팔고 있다)가 일치되지 않는 브랜드 팀도 일부 있다. 또한 내부 우선순위는 세계적인 것부터 국가적인 것, 지역적인 것까지 달리 정해진다. 저자는 『포춘(Fortune)』이 선정한 500대 기업 중 몇몇 기업과 작업할 때, 북미 지역 리더들로 구성된 팀은 미국에서는 최고의 전략 방침을 추구할 수 없다는 말을 들었다. 유럽에 위치한 글로벌 본사의 리더들이 이를 지지하지 않는 것이 그 원인이었다.

기업이 고객의 요구를 충분히 만족시키지 못하면 우선순위 문제에서 외부 도전에 직면하게 된다. 고객의 요구를 충분히 만족시키기는커녕 자신들의 내부 안건만 해결하고 어떻게든 고객의 기대에 들어맞기를 바란다. 그리고는 고객을 전략상 중요한 파트너로 고려하고 있다고 말한다. 만약 어느 조직이 시간을 들여 찬찬히 고객을 관찰하지 않고 기업의 주요 과제를 확인하지 않은 상태라고 가정해보자. 이 때 고안한 해결책이 고객에게 차별화된 가치를 전달하는 데 실패하고 그들의 요구를 충족시키지 못한다면 전략상 중요한 파트너라는 말은 빛 좋은 개살구에 불과하다. 그런데 고객이 자신의 우선순위를 정확히 표현하지 못할 때도 있다. 이때 전략에 능한 리더는 어떻게 하면 조직이 자신의 역량을 기반으로 차별화된 최고의 가치를 전달할지 암시할 수 있다.

다음 질문은 비즈니스 현안과 관련된 것으로 우선순위 문제를 극복하고자 할 때 고려해볼 만한 사항이다.

- 지금 함께 일하는 다른 팀의 우선순위는 무엇인가?
- 우리 팀의 우선순위와 다른 팀의 우선순위가 조정되었는가?
- 주요 고객의 최고 우선순위는 무엇인가?
- 주요 고객의 충족되지 못한 니즈나 기업의 과제는 무엇인가?
- 우리의 목표 및 우선순위와 고객의 우선순위 및 충족되지 못한 니즈를 조정했는가?

글로벌 경영자 3,000명 이상을 대상으로 조사한 결과, 그들이 직면한 가장 큰 도전 과제는 시장에서 경쟁력 있는 차별화를 성취하기 위해 혁신을 감행하는 것이라는 사실이 밝혀졌다. 경쟁은 우리 주변 어디에나 있다. 다양한 유형의 경쟁을 평가하고 이해하고 능가하는 리더의 능력은 조직의 궤도에 긍정적인 영향을 미친다. 서로 겨루어 한 차원 높은 성과를 달성하는 것이 바로 경쟁이다. 이렇게 한 차원 높은 성취는 고객에게 차별화된 가치를 제공하는 데 필요한 리더의 통찰력과 직접적인 관련이 있다. 그러니 경쟁하고 싸워라! 당신과 조직의 무한한 잠재력을 발휘하라!

- '경쟁하다(compete)'라는 단어는 '서로 겨루다'라는 의미의 라틴어 'competere'에서 유래되었다.

- 비즈니스의 경쟁력 상태는 선도자, 도전자, 방관자로 구분할 수 있다.

- 선도자 전략 매트릭스는 비즈니스를 보호하고 수익성을 향상시키는 새로운 경로를 체계적으로 탐색하는 데 필요한 대안을 제공한다.

- 표준규범 이탈 매트릭스는 기존 시장에 진정 차별화된 가치를 창출하는 잠재적 수단을 도전자에게 제공한다. 시장의 이익을 위해 변경가능한 암묵적인 규칙을 검토해야 한다.

- 도전자 전략 매트릭스는 선도자의 고객을 끌어오거나 비사용자를 고객으로 바꾸기 위한 대안을 제공한다.

- 경쟁우위는 몇몇 능력을 기반으로 최고의 가치를 제공하는 능력이다.

- 경쟁우위 프로파일은 특정 기업이 어떤 이유로 시장에서 경쟁우위를 점하는지 평가하는 도구다.

- 트레이드오프(상쇄관계) 영역은 트레이드오프를 시각적으로 표현한 것이다. 즉, 트레이드오프가 부족한 상황과 시장에서의 트레이드오프 상황을 나타낸다.

- 고객, 공급 업체, 잠재 신규 기업, 대체품 생산 업체는 기업이 이익을 놓고 경쟁을 벌이는 간접 경쟁자에 속한다.

- 무형의 경쟁자에는 현 상태에 대한 익숙함, 무관심, 우선순위의 미비가 포함된다.

WHAT IS STRATEGY

ELEVATE

제3장

영원한 승자가
챔피언이다

사람들은 영향력을 행사하고자 할 때 상대방이 자신이 바라는 대로
행동하리라 기대하면서 우리의 목표와 상대방의 이익을 결부시키려고 애쓴다.
하지만 누군가에게 어떤 일을 지시하면서 그 일과 상대방의 이익이
상호보완적이지 않다면 단기적으로는 통할지 몰라도
장기적인 영향력은 떨어질 수밖에 없다.

도처에 도전과 역경이 있다면
이제 남은 것은 챔피언이 되는 것이다

:: 1993년 지형적으로 아프리카의 뿔 위치에 자리 잡은 소말리아는 야만적인 시민전쟁에 시달리고 기아가 만연한 상황이었다. UN의 평화유지 활동은 공격을 받았다. 소말리아군 사령관이 감행한 공격을 저지하려고 미육군 레인저(Ranger) 부대와 델타 포스(Delta Force)가 파견되었다. 또한 나이트 스토커(Night Stalker)라는 별명이 붙은 미육군 제160 특수작전 항공 연대가 이들을 지원하고 있었다.

그러나 모가디슈(Mogadishu) 전투가 한창일 때, 나이트 스토커의 블랙 호크(Black Hawk) 헬리콥터 슈퍼 61과 슈퍼 64가 격추되었다. 마크 바우덴(Mark Bowden)은 영화 〈블랙 호크 다운〉과 같은 이름의 저서 『블랙 호크 다운(Black Hawk Down)』에서 용감한 미군 19명이 작전 중 목숨을 잃었다고 묘사했다. 이 용감한 병사들은 '……

을 위해 싸우다, 보호하다, 의지하다, 지원하다'는 뜻이 담긴 챔피언(champion)이라는 의미를 몸소 입증한 대표적인 사례다.

많은 이들이 생사를 넘나드는 군 복무의 강도가 어느 정도인지 절대로 알지 못한다. 그저 각기 다른 정황 속에서 자신이 몸담은 조직이 승리의 돛을 펼치도록 분투할 뿐이다. 한 조직의 전략적 향방을 효과적으로 결정하는 일은 한 조직의 성공 혹은 실패나 수많은 사람들의 취업 혹은 실업을 가를 만큼 중요하다.

막강한 전략의 개발은 트레이드오프(상쇄관계)를 감수해야 한다. 이러한 트레이드오프란 잠재 고객 중 일부가 자사의 전략에 불만족한다는 의미도 된다. 기업 입장에서 훌륭한 전략 실행이 외부의 모든 잠재 고객을 기쁘게 할 수는 없다. 마찬가지로 훌륭한 전략이 내부 고객 역시 모두 만족시킬 수 없다는 사실이 종종 간과되곤 한다.

자원(시간, 인력, 예산)을 한 분야에서 다른 분야로 이동시키면 이것이 마치 해당 비즈니스에 위해라도 가하는 것처럼 동요되는 사람들이 분명히 있게 마련이다. 그러므로 아무리 훌륭한 전략이라도 변화로 인해 고통을 받는다는 이유로 내부에서 공격받게 된다. 전략이 공격받을 때, 리더는 그 전략에 의지하거나 전략을 지키기 위해 싸울 필요가 있다. 전략을 옹호하려면 시간을 잘 관리하고 사람들에게 영향력을 행사해야 한다. 나아가 새로운 스킬이 지속적으로 개발가능한 훈련된 접근법을 강구해야만 성공할 수 있다.

■ 시간을 전략적으로 활용하라

> 시간은 인생의 동전과 같다. 시간은 당신이 가진 유일한 동
> 전이고 어떻게 쓸지는 오직 자신만 결정할 수 있다. 그 동전
> 을 타인이 써버리지 않도록 조심하라.
>
> — 칼 샌드버그(Carl Sandburg), 퓰리처상 수상자인 미국의 시인이자 작가

리더의 책임감이 커지면 가용 시간은 그만큼 줄어든다. 우선 미팅과 이메일이 늘어나고 처리해야 할 수많은 일들이 쌓여 시간을 다 먹어치울 지경에 이른다. 리더 1,500명의 시간 배분에 대해 조사한 결과, 9%만 자신의 시간 사용 방식에 '매우 만족스럽다'는 답변이 돌아왔다. 반면 거의 50%는 전략을 기획하고 실행하는 방침에 시간을 충분히 할애하지 못한다고 고백했다.[1]

리더가 조직 내에서 높은 위치에 오를수록 다양한 분야의 경영 문제나 전술 문제에 자신의 전문지식(기술)을 적용하는 일은 당연하다. 이들 문제가 리더가 책임질 수 없는 분야의 것이라고 할지라도 어쩔 수 없는 현상이다. 3년 동안 8개 산업 분야의 39개 기업을 연구한 결과, 관리자의 가용 시간 중 평균 약 41%가 다른 직원이 처리할 수 있거나 감당해야 하는 임의적인 활동에 소요된다는 사실이 밝혀졌다.[2] 하지만 이렇게 부적절한 업무를 수행하는 이유가 리더 자신의 타고난 성향 때문이라면 장기적으로 기업에 손해일 수밖에

없다. 과거의 업무를 내려놓지 못하는 무능은 결국 기업의 미래 성공에 필수적인 새로운 스킬을 개발할 수 없게 만든다. 결국 이처럼 중요한 일을 책임져야만 하는 다른 유능한 관리자를 육성하지 못하는 지경에 이를 수밖에 없다.

권한이나 업무를 잘 위임하지 못하는 리더는 멀티 태스킹을 무척 많이 하게 된다. 리더들이 주로 하는 멀티 태스킹 업무를 꼽으라면 이메일이 단연 으뜸이다. 관리자는 평균적으로 일과의 23%를 이메일에 할애하는 것으로 추정된다. 일과의 거의 50%를 이메일에 할애한다고 추정한 분석도 있다.[3, 4] 미팅에서조차 이메일을 검토하고 발송하는 리더들을 흔히 볼 수 있다. 그러나 그렇게 되면 그 시간에 얻을 수 있는 중요한 통찰력은 다른 참석자가 획득하고 리더는 놓쳐버리고 만다. 10년 동안 수천 명의 관리자들을 조사한 결과, 40%는 산만한 상태에서 업무를 계속 처리한다는 사실이 드러났다. 이들은 업무에 대한 집중력 결여와 업무와 관련된 결정을 내리는 데 잘못된 판단을 하는 특징이 있었다.[5] 미팅에 모인 사람들과 주제에 집중하지 않을 것이라면 애초 그 자리에 참석할 필요가 없다.

동시에 여러 일을 하게 되면 기대 이상의 좋은 성과를 냈다는 성취감을 느낄 수도 있다. 하지만 이는 낮은 생산성에 대한 위장일 뿐이다. 하버드 비즈니스 리뷰의 연구진은 멀티 태스킹에 대해 이렇게 결론내렸다. "멀티 태스킹이 비생산적이라는 것을 눈치챘을지도 모른다. 새로운 데이터도 이를 뒷받침한다. 근로자들은 업무를 자주 바꿀수록 그 일을 제대로 완수하지 못했다."[6] 작가인 데릭 딘(Derek Dean)과 캐롤라인 웹(Caroline Webb)은 수많은 과학적 연구를 인용하여 멀티 태스킹에 대해 이렇게 결론지었다.

멀티 태스킹을 하면 사람의 생산성과 창의력, 의사결정 능력이 떨어진다. 효율적인 리더가 되고 싶다면 이를 당장 멈추어야 한다. 하던 업무를 계속하지 않고 다른 일로 왔다갔다 하면 특히 복잡한 업무에서 잦은 전환은 개인의 업무효율성을 급격히 떨어뜨린다. 동시에 여러 가지 일을 한 사람은 같은 업무를 순서대로 처리한 사람에 비해 시간이 30% 더 걸리고 실수도 두 배나 많았다.[7]

자신의 전문성과 시간을 어디에 어떻게 적용할지 잘 결정할 수 있는 훈련된 접근법이 부족한 리더들은 미팅에 마냥 끌려다닐 수밖에 없다. 당연히 참석해야 하는 미팅보다 훨씬 더 많은 미팅에 참석하게 된다. 최고경영자는 가용 시간 중 60%를 회의에 할애한다는 연구 결과도 있다.[8] 하지만 모든 회의가 동급일 수는 없다. 업무 실적이 최고인 기업의 경영진은 가용 시간의 50%는 의사결정과 관련된 회의에 할애하고 주로 보고식으로 진행되는 회의에는 가용 시간의 10%만 할애한다고 한다.[9] 지난 주 참석했던 회의를 생각해보라. 그 회의들 중 어느 정도가 의사결정에 초점을 맞춘 것이었나? 그리고 보고식으로 진행된 회의는 어느 정도였나?

이러한 이유로 조사 대상인 모든 리더 중 절반가량은 가용 시간을 사용하는 방식이 해당 조직의 전략적 우선순위와 맞지 않다는 결론을 내렸다.[10] 만약 확고한 의사결정 계획이 없거나 주요 우선순위를 조정하려는 안건이 배제된 회의에 계속 끌려다니고 있다면 귀중한 시간을 낭비하는 것이다. 경영의 대가 피터 드러커(Peter Drucker)는 시간의 소중함에 대해 이렇게 말했다. "시간은 가장 희소한 자원이다. 시간을 잘 관리하지 못하면 그 어떤 것도 관리할 수 없다."

리더의 책임감이 커질수록 개인적으로 생각할 시간이 더 많이 필요하다. 링크드인(LinkedIn)의 최고경영자인 제프 와이너(Jeff Weiner)는 리더의 책임감과 시간의 관련성에 대해 이렇게 말했다.

항상 해야 할 일이 있다. 그 일을 끝내고나면 또 다른 해야 할 일들의 목록이 다가온다. 어쨌든 기업이 성장할수록 리더가 제시해야 할 계획의 범위와 심도도 확장된다. 기업의 경쟁 전망과 기술 전망도 놀랄 정도로 빠르게 변화한다. 그러니 전보다 생각할 시간이 훨씬 더 많이 필요하다. 일을 적절히 수행하려면 방해 없이 연속적으로 집중해야 한다. 즉, 별도의 시간을 내야 한다는 말이다. 그러한 시간은 오직 스스로 힘들게 만들어내야만 가능하다.[11]

'활동＝성취'라는 사고방식을 가진 사람들에게 그것은 특히 어려운 문제다. 하지만 경영자 1,000명 이상을 대상으로 진행한 연구에서 "시간을 어떻게 사용할 때 매우 만족하는가?"라고 묻자 "혼자 시간을 보낼 때 가장 만족한다"는 답변이 가장 많았다.[12] 하지만 추가로 진행된 질문에서 최고경영자 중 "혼자 있는 시간이 있다"고 답한 비율은 겨우 11%에 그쳤다.[13] 훌륭한 리더는 혼자 생각할 시간이 일정표에 마법처럼 스스로 나타나기를 바라지 않는다 이들은 그 시간을 직접 만들어낸다. 링크드인 CEO인 와이너는 시간을 확보하는 자신만의 노하우를 이렇게 공유했다.

> 만약 나의 일정표를 본다면 다수의 시간대가 회색으로 칠해진 부분이 눈에 띌 것이다. 무슨 일이 있을지 아무 조짐도 없는 시간이다. 회색으로 칠해진 부분은 '완충 지대'를 의미한다. 다시 말해 일부러 모든 회의를 없애버린 시간이다. 나는 매일 90분에서 2시간 정도를 완충 지대로 정해 놓는다 (30~90분 단위로 나누어 놓았다). 지난 몇 년 간 일부러 마련한 나만의 시스템이다. 그 당시 연달아 진행되는 회의 때문에 꼼짝할 수 없어 주변에서 일어나는 일을 처리하거나 잠시 생각할 겨를도 없었다.[14]

2012 『포브스(Forbes)』 선정 최고경영자 대상을 수상한 아마존닷컴(Amazon.com)의 최고경영자 제프 베조스(Jeff Bezos)도 혼자 생

각하는 시간의 가치를 믿고 있다. 그는 고객을 위한 새로운 가치를 창출하고자 1년에 네 차례 은둔하는 방법을 활용하고 있다. 아마존이 실현한 '제3자 판매자(third-party sellers)'는 그가 혼자만의 시간을 활용해 만들어낸 혁신 중 한 가지 사례일 뿐이다. 베조스는 혼자만의 시간이 중요한 이유를 이렇게 말한다. "그저 나 자신을 가두어 놓는다. 그곳에는 정신을 분산시키는 일이 전혀 없다. 이 시간에는 전화벨도 울리지 않는다. 잠깐만 혼자 있어도 창의력이 자라나는 것을 느낄 수 있다."[15]

그렇다면 왜 대부분의 리더는 혼자 생각하는 시간을 만들지 않는 걸까? 이코노미스트 정보 유닛(Economist Intelligence Unit)은 경영인 377명을 조사했다. 실적이 하위에 머문 기업 리더 중 2/3가량은 이 문제의 원인을 이렇게 지적했다. "우리는 매일 전투 같은 업무와 싸우느라 너무 바쁜 나머지 한 발 물러나 생각할 겨를이 없다."[16] 직원들이 너무 바빠 하던 일을 잠시 멈추고 해당 비즈니스에 대해 생각할 겨를이 없다면 구명보트를 준비해야 할 때다. 중요한 업무를 처리하는 데 시간을 할애하기보다 그 유명한 갑판 의자(영화 타이타닉에서 배가 침몰하는 상황에서 갑판 의자를 정리한 상황에 빗대어 중요하지 않은 일을 하는 것을 이르는 말)를 정리하느라 더 많은 시간을 써버리는 격이기 때문이다.

이미 조직에 가동 중인 전략기획 과정이 존재하는 것도 개인적으로 혼자 생각할 시간을 소홀히 여기는 또 다른 이유가 된다. 리더는 모든 전략은 일정에 따라 예정된 시간에만 기획된다고 추정한다. 하지만 사실 프로세스만 있고 새로운 기획안은 거의 나오지 않는 것이 현실이다. 새로운 통찰력을 발휘하기보다 여러 가지 견본만 채워 보는 것이 목적인 프로세스로는 시작부터 불운할 수밖에 없다.

테슬라 모터스(Tesla Motors)와 스페이스엑스(SpaceX)의 설립자인 엘론 머스크(Elon Musk)는 프로세스의 문제점에 대해 이렇게 말했다. "많은 대기업에서 프로세스를 아이디어의 대체물로 여기는 데 문제가 있다."[17] 리더가 순리적인 방법으로 통찰력의 활용을 보장받는 것의 관건은 개인적으로 혹은 조직 단위로 생각할 시간을 지속적으로 제공하는 데 있다.

▚ 최적의 시간 배분을 실천하라

리더로서 시간을 더 효율적으로 활용하려면 다음의 세 가지 아이디어를 고려해야 한다.

1. 단일 업무에 많은 시간을 쏟아라

멀티 태스킹의 반대는 한 번에 한 가지 일만 하는 것이다. 말로는 쉽지만 연습이 필요한 과제다. 한 가지 업무에 시간을 집중해 할애하면 두 가지 측면에서 생산성을 높일 수 있다. 첫째, 시간을 정해 한 가지 일에만 집중하면 생산성이 증가한다. 몇몇 연구 결과, 개인이 한 가지 일에 모든 인지처리 능력을 쏟아부으면 생산성이 약 65% 증가하는 것으로 나타났다.[18] 둘째, 한 가지 일을 중간에 멈추지 않고 계속하면 중단했던 일을 다시 시작하는 데 걸리는 시간을 허비하지 않게 된다. 연구에 따르면, 사람들이 중단했던 일을 다시 시작하는 데 평균 24분이 걸린다고 한다.[19] 그러니 이제부터 한 가지 일에 쏟는 시간을 30분 단위로 할당하는 연습을 시작해보라.

2. 이메일을 적게 보내라

수신되는 이메일 수를 줄이는 것은 어렵더라도 발송하는 이메일 수는 줄일 수 있다. 한 기업의 리더들이 발송하는 이메일 개수를 줄인 후, 3개월 간 출력한 이메일의 총 분량이 54%까지 줄었다고 한다. 이 기업은 1년 간 10,400인시(人時: 1인 1시간의 노동량)를 벌었다는 사실을 알고 최고경영진도 발송하는 이메일 수를 줄이기 시작했다고 한다.[20]

3. 시간 트레이드오프(상쇄관계)를 만들라

현 상태를 개선하기 전에 현 상태를 제대로 이해할 필요가 있다. 시간을 효과적으로 사용하려면 먼저 현재 시간을 어디에 얼마만큼 쏟는지 확실히 알아야 한다. 다음은 시간 배분을 효과적으로 개선하는 데 참고할 만한 유익한 단계다.

- 1단계 하루 종일 시간을 어떻게 쓰는지 일주일 간 30분 단위로 기록한다.
- 2단계 1주일 후, 시간대별로 부문(예를 들어, 운영 회의, 이메일, 화상 회의, 고객 회의 등)을 확인한다. 각 부문마다 한 주 동안 할애한 총시간을 작성한다.
- 3단계 타임 게이지 그래프(그림 4.1)의 해당 시간 부문에 이름을 붙이고 늘어난 시간을 기록한다.
- 4단계 해당 부문마다 투자한 시간의 양을 도표로 그리고 현재의 투자 시간에 연결한다.
- 5단계 타임 게이지의 결과를 검토한 다음, 시간 트레이드오프 매트릭스를 활용해 특정 부문의 투자 시간을 바꾸고 싶은 정도에 따라 투자 부문을 '제거' '증가' '감소' '창출' 칸에 각각 채워 넣는다.
- 6단계 시간 트레이드오프 매트릭스 결과를 기반으로 각 부문에 맞게 시간 투자를 적절히 그린다.
- 7단계 이상적인 시간 투자량을 달성하는 데 필요한 실행 단계를 기록한다.

‘그림 4.1’은 고위 경영진에 맞춘 타임 게이지의 실례다. x축에는 운영 회의, 화상 회의, 매트릭스 검토처럼 시간 투자 분야를 나열했다. 그리고 y축에는 한 주 동안 이들 활동에 실제로 투자한 시간을 기록했다. ‘그림 4.1’을 보면 전략 회의와 혼자 생각하는 데 할애한 시간은 거의 없었다. 반면 상당히 많은 시간을 운영 회의 및 보고 회의에 할애했다.

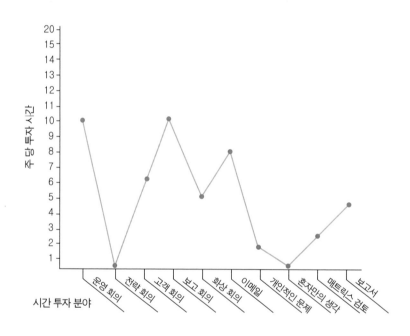

그림 4.1 타임 게이지

탁월한 전략이 미래를 창조한다

그림 4.2 시간 트레이드오프 매트릭스

일단 타임 게이지 그래프가 작성되면 무엇을 변경할지 설정할 수 있다. 만약 가장 귀중한 자원을 투자하는 방식을 바꿀 필요가 있다면 그것은 바로 시간이다. 시간 트레이드오프 매트릭스를 활용하면 시간 배분을 효과적으로 바꿀 수 있다. '그림 4.1' 타임 게이지의 시간 투자 분야별 투자 시간을 검토하고 '그림 4.2'의 각 칸에 시간 변경 요인을 채워 넣으면 시간 트레이드오프 매트릭스가 완성된다. '그림 4.2' 시간 트레이드오프 매트릭스는 앞의 사례를 활용한 것이다.

사람들은 항상 더 많은 시간을 원한다. 당신의 시간을 잘 활용하기 위해서는 더 많은 방침과 훈련이 반드시 필요하다.

■■ 영향력을 발휘해야 전략이 작동된다

최근 코닥 모먼트(Kodak moment: 미국인이 자주 쓰는 표현으로 사진으로 찍어 기념으로 남겨야 할 순간을 나타냄)를 경험한 적이 있는가? 아마 없을 것이다. 미국인의 상징이라고 할 수 있는 코닥 브랜드는 한때 사진과 거의 동의어로 쓰이다시피 했다. 하지만 코닥은 필름 사진에서 디지털 사진으로 격변하는 시장의 변화를 읽지 못해 큰 위기에 직면했었다. 표면적으로 나타난 바는 그랬다.

하지만 코닥의 실패는 비전의 부재나 빈약한 전략이 그 원인은 아니었다. 코닥의 주요 임원들은 디지털 사진으로의 이행을 예견했다. 그래서 순조로운 이행을 위한 토대를 확실히 마련하고자 일찍부터 디지털 사진에 자원을 투자했다. 그랬던 코닥이 대체 왜 디지털 사진 시장을 장악하는 데 실패했을까? 그 원인은 새로운 전략에 대한 중간 관리자의 동의를 구하지 못한 데 있었다. 코닥의 전략은 기업의 입장에서 볼 때, 장기적으로 최고의 이익을 낼 수 있는 적절한 전략이었다. 하지만 코닥의 중간 관리자들은 디지털 사진으로 이행하려는 회사의 전략 방침을 거부하고 필름만 고집했다. 코닥의 주요 임원들은 최선을 다해 노력했지만 조직 전반이 자신들의 전략을 따르도록 영향력을 행사하는 데 실패했다. 전략 그 자체보다 구성원들이 그 전략을 실행하도록 영향력을 미치지 못한 데 코닥의 주 실패 이유가 있다.

영향력(influence)은 "사람이나 물건에 영향을 미치거나 변화를 일으키는 힘이다. 즉, 강제로 그 일이 일어나도록 직접 힘을 가하거나 지시하지 않고도 변화를 일으키는 힘, 사람이나 물건에 중요한 방식으로 영향을 미치는 사람이나 일"[21]로 정의할 수 있다. 사람들은 영향력을 행사하고자 할 때 상대방이 자신이 바라는 대로 행동할 것으로 기대하면서 자신들의 목표와 상대방의 이익을 결부시키려고 애쓴다. 하지만 누군가에게 어떤 일을 지시하면서 그 일과 상대방의 이익이 상호보완적이지 않다면 단기적으로는 통할 수 있을지 몰라도 결국 장기적인 영향력은 떨어질 수밖에 없다.

미국에서 근로자 7,000명을 조사한 결과, 보통 사람들은 가용 시간 중 40%를 이른바 '비판매 세일즈(non-sales selling)'에 할애하는 것으로 드러났다. 비판매 세일즈란, 직접적인 구매와는 관련이 없지만 누군가에게 영향을 미치는 상황을 뜻하는 말이다.[22] 많은 기업들이 이용하는 매트릭스 조직 구조에서 영향력은 무척 중요하다. 이는 기업 내부자원의 점유율을 획득하고 그들의 우선순위를 다른 주요 경쟁사에 맞추어 조정하려는 이들에게는 반드시 필요한 능력이다.

근로자 60,000명을 대상으로 기업의 전략을 잘 이해하고 받아들이는지 조사한 결과, 경영진의 지도력이 가장 중요한 요인으로 드러났다. 연구는 이렇게 결론지었다. "최고경영진은 직원들이 전략을 파악하고 지원할 때 큰 영향을 미쳤다. 우리가 조사했던 다른 어떤 변수보다 가장 컸고 예상을 훨씬 뛰어넘는 수준이었다."[23]

노벨(Novell)의 전임 부사장이자 쿨리 LLP(Cooley LLP)의 최고 정보관리 책임자인 커크 클라슨(Kirk Klasson)은 경영진의 영향력에 대해 이렇게 강조했다. "전략은 조직에서 바로 실행될 수 없다. 직원들의 진정한 이해와 수용이 없다면 해당 전략을 두고 미소와 떠들썩한 칭찬이 난무하더라도 일단 사무실로 돌아오면 아무 변화도 일으키지 못한다."[24]

사람들은 어떤 일에 임무가 주어지면 자신의 행동에 책임감을 갖는 경향이 있다. 물론 자신의 행위가 자신의 이익에 기여할 때 그런 책임감을 가진다. 리더가 직원들에게 해당 업무가 조직의 목표와 어떤 관련이 있는지 잘 인식시키지 못하면 그들에게서 헌신을 기대하기란 어렵다. 결과적으로 전략은 효력을 잃게 된다. 처음부터 직원들에게 전략적 의견이나 조언, 시간을 제공하지 못했기 때문이다. 설상가상 해당 전략이 직원들의 일상 업무에 어떤 의미가 있고 그들이 왜 따라야 하는지 그 이유가 잘못 전달되는 경우도 있다.

전략을 개발하는 과정의 일부인 전략적 사고 단계에서 조직의 각기 다른 분야와 다른 수준의 사람들 간에 서로 통찰력을 공유할 기회가 반드시 주어져야 한다. 이렇게 각기 다른 분야의 사람들이 지식이나 의견을 공유하면 직원들의 업무와 아이디어가 조직 차원에서 정말 중요한 역할을 하고 있다는 강력한 메시지를 보내는 셈이다. 일선 관리자들의 통찰력이 아닌 고객 및 경쟁사와 가장 가까이 있는 직원들의 통찰력은 일전에 놓쳤던 기회를 만회할 수 있도록 한다. 최근 생겨난 고객의 요구를 예측하는 방식으로 혁신을 주도할 기회가 된다. 한 연구 결과, 중간 관리자들의 20%만 조직의 전략에 대한 의견이나 지식을 공유하는 것으로 나타났다.[25] 수준과 분야가 다른 관리자들이 자신들의 통찰력을 공유하게 되면 기업 입장에서는 그들의 헌신과 지원을 보장받을 가능성이 훨씬 더 커진다.

전략적 사고는 연례행사가 되어서는 안 된다. 그것은 통찰력을 공유하는 데 반드시 필요한 현재진행형의 수단이며 직원들이 일상의 경험을 활용하여 계속 경신해나가야 하는 주제다. 자신의 경험을 기반으로 조직에 필요한 아이디어를 기획하고 사람들과 그 아이디어를 공유하며 발전시켜가는 노력이 필요하다.

관리자들에게 해당 전략에 대한 통찰력을 발휘할 기회를 주는 것과 더불어 그 전략을 택한 이유를 다른 직원들과 공유하는 것도 그만큼 중요하다. 사람들은 납득되지 않는 전략이나 근거에는 동의하지 않는 경향이 있다. 그들은 해당 전략의 내용이 무엇이고 왜 그렇게 해야 하는지 알고 싶어 한다. 마치 '우리는 X를 할 거야. Y 때문이지'처럼 본질적으로 사람들은 이유가 필요하다. 그 이유가 타당하다고 여겨질 때 실행에 옮기게 된다.

사회과학 분야의 연구 결과, 사람들에게 어떤 부탁을 할 때 이유만 잘 설명해도 들어줄 확률이 훨씬 더 높다고 밝혀졌다. 복사기 앞에서 줄을 서서 기다리는 사람들을 대상으로 연구가 진행되었다. 실험 참가자가 앞에 있는 사람에게 "다섯 장만 복사하면 되는데 실례하지만 먼저 복사해도 될까요?"라고 물었을 때 양보받을 확률은 60%였다. 하지만 부탁하는 말미에 "정말 급해서 그러는데 복사기 좀 먼저 써도 될까요?"라고 물으면 양보받을 확률이 94%였다.[26] '정말 급해요'라는 말은 상당히 모호한 말이다. 하지만 '……해서 그러는데(because)'라는 이유에 대한 마법의 단어가 발단이 되어 상황은 호의적으로 바뀌었다.

사람들에게 전략을 실행하는 이유를 설명하지 않으면 그들은 종종 그 이유를 꾸며내게 된다. 행동과학에서는 이를 '반 사실적 사고'라고 한다. 법률 용어로는 '사후 비판(second guessing)'이다. 사후 비판은 어떤 일이 발생한 이유를 알고 싶어 하는 사람들의 욕구에서 비롯된다. 비즈니스 전략 측면에서 사람들은 자신들의 의견과 지식이 어느 정도 수용되고 해당 전략을 선택한 이유와 그 전략에 대한 명확한 설명을 들은 경우, 일이 잘못되더라도 리더 탓으로 돌릴 가능성은 극히 희박하다. 따라서 리더는 관리자들에게 선택한 전략을 제대로 이해시키고 일상 업무에 그 전략을 적용하도록 하려면 전략을 선택한 이유를 반드시 그들과 공유해야 한다.

▪▪ 사회적 증거로 동의를 이끌어내라

사람들이 해당 전략에 적극적으로 헌신하게 하려면 전략을 선택한 이유를 전달하는 것과 더불어 사회적 증거를 이용하는 것도 좋은 방법이다. 사회적 증거의 원칙이란, 사람들은 다른 사람들의 행동 방식과 유사하게 행동할 가능성이 크다는 학설이다.[27] 기업에서 이 원칙이 가장 흔히 입증되는 곳은 바로 회의장이다. 조직의 리더가 회의 때마다 계속 10~15분씩 지각하면 다른 사람들도 회의 시작 시간을 지키지 않게 된다. 곧 '일부러 늦었다(fashionably late)'는 말까지 나오면서 시간 개념 부족이 해당 조직의 문화가 되고 만다.

전략에 관한 한, 사회적 증거는 막강한 영향력을 발휘할 수 있다. 리더가 해당 전략에 충분히 관여하고 헌신하는 모습이 직원들의 눈에 띄면 이 전략은 잠깐 유행하는 일시적인 계획이 아니라는 사실을 직원들에게 입증하는 셈이다. 리더가 전략적 방침을 논의하기 위해 일부 직원들이라도 만나려고 시간을 낸다면 직원들의 눈에 리더의 행동은 전략을 구체적으로 실천하려는 의지로 보인다. 또한 직원들의 새로운 아이디어를 적극적으로 경청하는 것은 직원들의 성공에 진지한 관심을 표하는 것이다.

전략을 세울 때 리더는 회사의 자원을 어떻게 배분할지 반드시 의식해야 한다. 특히 시간 배분이 중요하다. 리더의 투자 활동은 조직 내 구성원들의 자원 투자 방식에 큰 영향을 미친다. 고객친화성과 관련해 해결지향적 전략을 세웠다고 표명하면서 내부 회의 중에 이메일 확인을 자제하지 못한다면 그 전략 방침은 위선으로 보일 것이다. 또한 시장에서 제품 선도자의 자리를 구축하는 전략을 추진하면서 기업의 수익이 살짝 줄었다고 업무능력 개발 부문의 예산을 삭감한다면 사회적 증거의 영향력은 즉시 소멸된다. 리더의 말이 직원들의 행동에 영향을 미칠 수도 있다. 그러나 직원들의 헌신에 영향을 미치는 방법은 리더의 말이 아닌 행동이다.

리더가 직원들로 하여금 전략에 헌신하도록 독려할 때 그들의 도전을 받게 마련이다. 그러한 도전을 받는 원인 중 하나는 바로 전략의 본질에 있다. 온전한 전략은 트레이드오프를 구체적으로 표명해야 한다. 그 결과 변화와 새로운 방향이 설정된다. 창의력에 대한 연구 결과, 사람들은 고귀한 이상은 믿을 만한 것이 아니거나 실행 가능한 것이 아니며 오류를 내포할 가능성이 있다고 생각하는 것으로 드러났다.[28]

새로운 전략은 의심이라는 불리함과 맞서 싸워야 한다. 변화를 꺼리는 사람들의 마음은 더 말할 것도 없다. 사회적 증거의 원칙에 대한 또 다른 적용 방법은 사람들에게 리더가 선택한 전략이 최고의 행동 방침을 제공한다는 사실을 이해시키는 것이다. 사람들은 다른 사람들의 행동을 참고한다. 그러니 직원들에게 훌륭한 테스티모니얼(testimonial: 성공 사례)의 추천을 들려주는 방법은 영향력을 미치는 강력한 선택이 될 수 있다.

자사의 계열사나 동종 업계는 아니지만 자사와 유사한 상황에 처해 있고 유사한 전략적 접근법을 계승한 다른 기업의 사례를 확인하면 확실히 알 수 있다. 최근 규제가 풀린 시장에 진입해 자사의 위치가 도전자라는 사실을 알게 된 기업이 있다면 다음의 사례가 유용할 수 있다. 사우스웨스트항공(Southwest Airlines)은 원래 시장에서 도전자였는데 특별한 트레이드오프를 감행해 틈새시장을 구축했으며 이로 인해 지난 수십 년 간 수익이 성장했다.

테스티모니얼이란, 영향력 있는 행동의 성공 사례를 장기 추적하여 기록한 모범 샘플이다. 이것은 지난 밤 보았던 우스꽝스러운 인포머셜(infomercials: 해설적 광고)부터 대통령 후보의 중대한 지원에 이르기까지 다양하며 글이나 말로 사람이나 제품 혹은 서비스를 지원한다. 테스티모니얼은 지속적인 전략 소통 프로세스를 통해 전략을 효과적으로 구현하는 데 유익하게 작용한다.

동료들과 주기적으로 전략에 대해 논의할 때, 고객 가치를 이끌어내는 전략에 긍정적인 영향을 미치는 성공 스토리와 일화가 있다면 반드시 기록이나 영상으로 남겨두도록 한다. 전략을 실행할 때

탁월한 전략이 미래를 창조한다

경험했던 모범 경영이나 성공 스토리를 영상으로 구성해 회의장이나 프레젠테이션, 인트라넷(intranet: 내부 전산망)으로 직원들과 공유한다면 무척 효과적이다. 효과적인 전략 실행의 가장 큰 장애물 중 하나는 기능이 다르거나 외떨어진 사일로(Sailo: 회사 안에 성이나 담을 쌓고 외부와 소통하지 않는 부서를 가리키는 말이다)인데 이것을 극복하려는 노력이 필요하다. 그러므로 영상물을 이용해 해당 전략이 직원들로 하여금 헌신할 만한 가치가 있다는 사회적 증거를 제시할 수 있어야 한다.

사회적 증거의 힘을 적용할 수 있는 또 다른 방법으로 전략을 충실히 실행한 타 부서, 브랜드, 분야 혹은 관리자의 성공 사례를 보여주고 청사진을 공유하는 것이다. 먼저 두 그룹의 전략과 결과를 단순히 비교, 대조하라. 첫 번째 그룹은 해당 전략에 헌신해 실적 향상을 이룬 반면, 두 번째 그룹은 낡은 접근법에 사로잡혀 실적 향상을 이루지 못한 경우다. 이는 서로 다른 접근법과 그에 상응하는 결과를 사실적으로 보여줌으로써 설득력이 높아진다.

예를 들어, 바위투성이의 오프 로드(비포장 도로)용으로 제작된 지프차가 바위 위로 힘차게 올라가는 이미지에 '7% 상승한 영업 마진'이라는 문구를 자막으로 함께 삽입한다. 이것은 수많은 장애물에도 불구하고 새로운 전략 방침을 따르면 성공할 수 있다는 사실을 사람들에게 보여주게 된다. 그럼 이제 반대로 1970년대 시속 40km로 달렸던 스테이션 왜건의 제한속도 표시와 함께 '영업이익 상승률 0%'라는 자막을 삽입해보자. 이는 새로운 전략에 헌신하지 않았던 부서원들을 대변하는 모습이다. 사람들에게 뭔가를 제시할 때, 한 가지보다는 다른 것과 비교해 보여주면 대체로 더 잘 이해한 다는 연구 결과도 있다.[29] 대조와 비교를 활용해 설득력을 높이는 방법이다.

리더는 직원들을 전략에 헌신하도록 만들려는 생각에 그들을 설득하는 데만 온전히 에너지를 쏟을 때가 많다. 하지만 이는 설득하는 데 중요한 수단인 주변 환경을 간과한 것이다. 때로는 물리적인 환경만 변화시켜도 사람들의 사고방식이나 행동을 바꿀 수 있다. 점심 식사 후 바로 영화관에 갔던 사람들이 들고 있던 팝콘 통의 크기가 팝콘을 먹는 양에 얼마나 영향을 미치는지 조사한 적이 있다. 연구진은 사람들이 방금 점심을 먹었는데도 큰 통에 담긴 팝콘을 먹은 사람이 작은 통에 담긴 팝콘을 먹은 사람보다 53%나 더 많이 먹었다는 사실을 알아냈다.[30]

아마존닷컴의 최고경영자인 제프 베조스는 회의장에 고객을 대신하는 의미로 빈 의자를 갖다 놓으라는 지시를 한 적이 있다.[31] 물리적 환경 중 단 한 가지만 변화시킨 앞의 경우처럼 빈 의자를 배치한 베조스의 사례는 직원들에게 전략을 개발하고 실행하는 과정에서 고객의 중요성을 강조한 것이다. "우리는 시작부터 고객과 함께 혁신한다. 일을 거꾸로 하는 것이다. 이번 사례는 자사의 혁신 방식의 기준이 되었다."[32] 발상은 생각을 바꾸고 수단은 행동을 바꾼다. 전략을 성공적으로 이행하는 데 필요한 기세를 1년 동안 유지하려면 관리자는 주변 환경에서 물리적인 암시를 찾아야 한다.

당신이 전략을 연마하고 조직 내에서 직원들과 소통할 때는 개개인의 수준에 맞추는 것이 중요하다. 전략 기획이 너무 지루하고 애매모호한 활동이 되고 마는 이유로 개개인의 수준에 일일이 맞추지 못하는 상황을 꼽을 수 있다. 겉만 요란한 신제품 전시가 끝나면 정작 자신들은 사용하지도 않을 파워포인트에 정보와 자료를 잔뜩 채워 넣는 관리자들이 있다.

개인 기부 활동을 다룬 사회학 연구에 따르면, 왜 이러한 현상이 일어나는지 알 수 있다. 이 사회학적인 연구 결과, 사람들은 굶주리는 많은 아이들에게 기부하기보다는 굶주리는 아프리카 어린이 한 명을 돕기 위해 기부할 의향이 더 큰 것으로 드러났다. 연구진들은 굶주린 아이의 사진 옆에 다른 나라에도 이 아이처럼 굶주리는 아이들이 많다는 통계 수치가 동반되면 기부금이 극적으로 떨어진다는 흥미로운 사실도 알아냈다.[33]

우리도 이 사례와 마찬가지로 특정한 개별적 현안을 대할 때, 반응을 보일 가능성이 더 커진다. 온갖 정보로 가득 찬 자료를 보면 아무 관심도 보이지 않는 것이다. 이는 리더라면 기억해야 할 교훈이다. 전략의 의미를 직원 개개인에게 맞춰야 한다는 의미다. 전략이 그들과 또 그들의 일상 업무와 어떤 관련성이 있는지 제시해야 한다. "내가 만약 대중을 보았더라면 결코 행동하지 않았을 것이다. 나는 단 한 사람을 보고 행동한다." 평생 사랑을 실천했던 테레사 수녀의 말이다.

■: 전략적 행동은 성과와 직결된다

영향력 있는 천재들은 모두 행동에 초점을 맞춘다는 사실
이 밝혀졌다…… 이들은 자신들이 바꾸고 싶은 특정 행동
을 세심히 알아내기 전까지는 결코 영향력을 미치는 전략
을 개발하지 않는다. '현 상황을 개선하기 위해 사람들은 실
제로 무슨 일을 할까?'라는 질문부터 시작하는 것이다.

– 케리 페터슨, 『인플루엔서』(*Influencer*)의 저자

사람들로 하여금 목표와 전략을 위해 지속적으로 헌신하도록 영
향력을 행사하는 능력은 단 한 번의 동기부여 연설을 듣거나 전국
세일즈 미팅 현수막에 적힌 미사여구를 본다고 바로 생기지 않는다.
앞서 언급했던 것처럼 영향력은 다른 사람의 행동을 형성하게 하는
능력이라고 할 수 있다. 행동은 '눈에 보이는 활동'으로 간단히 정의
할 수 있다.[34] 이 행동으로 인해 어느 한 사람과 주변 환경의 관계가
근본적으로 바뀌게 된다. 어느 때는 긍정적인 방식으로 또 어느 때
는 부정적인 방식으로 변화된다. 예를 들어, 어린 시절부터 형성되
기 시작하는 행동 패턴은 부모가 자녀에게 채소를 더 많이 먹으라
고 강요하는 순간부터 특정한 행동이 형성될 수 있다.

다른 사람의 행동에 영향력을 행사한다는 말은 결국 그들에게
다음의 두 가지 질문을 던지는 것이나 마찬가지다. 첫째, 그런 만한

가치가 있는 것인가? 둘째, 내가 감당할 수 있는 일인가?[35] 첫 번째 질문은 혜택에 대한 내용이고 두 번째 질문은 확신에 대한 것이다. 사람들은 무엇보다 먼저 왜 그 일을 해야 하는지 이유를 알고 싶어 한다. 또한 그 일을 할 수 있을지에 대한 확신도 필요하다.

누군가에게 어떤 일을 할 수 있다는 확신을 심어주려면 그 일을 할 수 있는 방법이나 기술을 알려주는 것이 중요하다. 누군가에게 담배를 끊으라고 조언하면서 그에게 금연에 도움이 되는 방법을 알려주지 않으면 행동의 변화는 거의 일어나지 않는다. 선생님이 학생에게 집중하라고 꾸짖기만 한다면 아무런 지침도 없는 모호한 소리에 불과하다. 하지만 "전방을 주시한 채 발은 바닥에 고정하고 말을 할 때는 손을 들어."라고 말한다면 학생의 행동에 분명히 영향을 미칠 가능성이 훨씬 커진다.

관리자들에게 말로만 혁신적이고 창의적으로 생각하라고 지시하는 방법은 소용없는 일이다. 대신 관리자들과 함께 기존 고객과 잠재고객, 현재의 당면 과제와 앞으로의 과제를 평가하기 위해 1장에서 제시되었던 가치 확보 매트릭스를 이용하는 방법을 공유해보라. 이는 리더 스스로 창의적으로 행동하는 좋은 사례를 보여주는 셈이다. 가정이든 학교든 직장이든 어느 곳에서 사용하더라도 행동 방침은 명확하고 구체적이며 식별가능한 것이어야 한다.[36]

그룹이 전략을 효과적으로 실행하는 데 필요한 새로운 행동을 개발하려면 '게임의 위력'을 명심해야 한다. 게임은 사람들이 하나의 활동에 몰입하도록 만드는 효과적인 방법이다. 게임에는 대체로 목표, 규칙, 도전 과제, 상호작용 등이 포함된다.

긍정심리학 분야를 선도하는 미하이 칙센트미하이(Mihaly Csik-szentmihalyi) 교수는 목표, 규칙, 명확한 피드백 같은 게임 기준이 포함된 활동은 플로우(flow)를 만들어낸다고 말했다. 플로우란 사람들이 한 가지 활동에 계속 몰두하는 상태로 이는 내적인 경험을 최상의 상태로 이끌어 준다.[37] 따라서 당신이 전략의 실행을 위해 새로운 행동을 고안할 때는 목표, 지침, 도전 과제, 빈번한 피드백으로 연결되는 기회 요인들을 포함시켜야 한다.

영업부는 흔히 목표(판매 수치)와 빈번한 피드백(판매 결과)을 가장 많이 부여받는 부서지만 게임에서 이기기 위한 지침은 부족한 편이다. 영업부는 '활동＝실적'이라는 압박에 특히 시달린다. 수년간 제약 업계와 소비재 같은 업계는 고객 방문의 범위와 빈도 수를 크게 설정해야 성공할 수 있다는 인식이 깔려 있었다. 하지만 이는 이제 옛말이 되었다.

훌륭한 영업 관리자들은 이제 더 이상 경쟁사의 들쭉날쭉한 제품 사양에 대해 알 필요가 없다는 사실을 깨달았다. 오늘날의 상위 영업 관리자는 경쟁사의 전반적인 전략적 접근법을 이해하고 있다. 또한 영업 사원이 경쟁사의 전략에 맞설 수 있는 행동을 개발하도록 도와주고 있다.

우수한 영업 사원을 대표하는 활동 중 한 가지는 최상위 경쟁사 5개 업체에 대한 경쟁우위 프로파일을 만들어내는 것이다. 전략적인 영업 사원은 경쟁우위 프로파일을 이용해 경쟁사의 핵심 역량과 능력, 비즈니스 모델을 무용지물로 만들고 경쟁사의 약점을 표적으로 삼아 자사의 단골 고객들에게 특별한 가치를 제공한다. 이와 반대로 인사부나 정보기술부, 연구개발부는 목표와 피드백의 기준 빈도를 줄이려는 경향이 있다. 더 큰 내적 성취감을 느끼고 팀원들을 움직이게 하려면 당신이 개발하려는 행동에 반드시 게임과 플로우(flow, 무아지경의 상태)에 대한 기준을 포함시켜야 한다는 사실을 잊지 말아야 한다.

저지는 이전 책 『딥 다이브(Deep Dive)』에서 "새로운 성장은 새로운 사고에서 비롯된다(New Growth comes from new thinking)"는 전제를 소개했다.[38] 전략가로서의 리더는 스스로 직원들에게 새로운 사고법을 자극해야 할 뿐만 아니라 전략 수립 이후 적절한 행동이 수반될 때 새로운 성장이 이루어진다는 사실도 확실히 해야만 한다. '새로운 사고는 새로운 행동을 고취하고 이는 새로운 결과로 이어진다.'는 전제에 담긴 의미를 파악할 수 있어야 한다. '고취하다(influence)'라는 단어는 '활기차고 생기를 돋우며 사기를 높이고 마침내 영향력을 행사한다'는 말로 정의할 수 있다. 또한 이 단원의 제명으로 '영향력 있는 천재들은 모두 행동에 초점을 맞춘다'라는 문구를 쓸 수 있을 것이다.[39]

새로운 결과를 기대하는 비즈니스를 준비 중인 리더라면 다음의 12가지 질문에 답변해야 한다.

1. 과거에 당신을 성공으로 이끈 주요 행동 3~5가지는 무엇인가?

2. 동료들을 성공으로 이끈 주요 행동 3~5가지는 무엇인가?

3. 경쟁사를 성공으로 이끈 주요 행동 3~5가지는 무엇인가?

4. 과거에 진행한 비즈니스가 잠재력을 제대로 펴지 못하게 한 행동 3~5가지는 무엇인가?

5. 비즈니스의 상황과 강점, 시장의 상황과 기회를 기반으로 성공을 실현하도록 돕는 가장 유력한 행동은 무엇인가?

6. 앞에서 열거한 행동들을 매일 하려면 시간, 재능, 예산을 얼마나 투자해야 하는가?

7. 현재의 조직 문화가 앞에서 열거한 행동들을 지원하는가? 아니면 방해하는가?

8. 사람들이 이러한 행동들을 반드시 실행해야 하는 가장 타당한 이유는 무엇인가?

9. 사람들이 이러한 행동을 실행해야 하는 이유에 대해 그들과 가장 효과적으로 소통하려면 어떻게 해야 하는가?

10. 이러한 행동을 우리 부서에서 실행하려면 어떤 방침을 제공해야 하는가? 구체적이고 명확하며 식별가능한 방침은 무엇인가?

11. 이 행동들에 대한 헌신이 어느 정도인지 알아보려면 어떻게 해야 하는가?

◼ 전략적 사고를 연습하고 또 연습하라

일단 비즈니스가 성공하는 데 가장 큰 영향을 미치는 행동이 무엇인지 확인했으면 이제는 직원들에게 정기적으로 이 행동을 연습할 기회를 주어야 한다. 메이저리그에서 수백만 달러를 받는 프로선수들은 시즌이 시작되기 전, 스프링 캠프에서 6~8주 동안 훈련을 받는다. 그들은 송구, 포구, 타격, 수비, 번트 등 기본적인 연습을 한다. 사실 프로선수들이 연습에 할애하는 시간이 90%라면 실전에 쏟는 시간은 10%에 불과하다.[40] 그런데 비즈니스 분야에서는 연습과 실전의 수치가 뒤바뀐다. 대다수의 경영자가 훈련이나 교육에 할애하는 시간은 10%에도 훨씬 못 미치는 것이다.

인사부서 경영자 3,000명 이상을 대상으로 조사한 결과, 주요 임원들이 받는 교육 수준은 매우 미미했다. 교육 및 개발 과정을 전혀 실시하지 않는다는 비율도 41%에 달했다.[41] 막중한 책임감을 떠안고 비즈니스 전반에 큰 영향을 미치는 리더가 훈련이나 교육을 덜 받는다는 것은 어불성설이다.

연습은 "일이나 공연(연주/연기)에 능숙해지기 위해 반복적으로 익히거나 반복된 훈련을 교육받는 것"[42]으로 정의할 수 있다. 우리는 연습의 응용을 대부분 스포츠나 음악, 취미 활동에서 찾아볼 수 있다. 하지만 지적 활동 분야에서 성공하기 위해서도 연습이 필요하다. 미국의 대법원장인 존 로버츠 주니어(John Roberts Jr.)가 자신의 분야에서 성공하고 지적인 엄격함을 갖출 수 있었던 데는 실전을 위해 기꺼이 연습했던 습관이 큰 요인으로 작용했다. 로저 팔로프(Roger Parloff)는 로버츠 대법원장의 연습 습관을 이렇게 묘사했다.

로버츠는 구두 변론을 준비할 때, 글로 적는다. 대개 펜으로 종이 위에 직접 쓰는 편이다. 예상 질문 수백 건을 기록한다. 그리고 그에 대한 답변을 머릿속으로 곰곰이 생각하고 다듬는다. 그런 다음 플래시 카드에 질문을 쓰고 이리저리 카드를 섞어 직접 시험해 본다. 언제 어떤 질문이 나오더라도 완벽히 답변할 준비를 하는 것이다.[43]

로버츠 대법원장은 자신의 구두 변론과 관련된 접근법에 대해 이렇게 설명했다. "수백 건의 질문을 꼼꼼히 준비하고 분석하고 연습해야 하는 것이 변론이다…… 실제 법정에서 나올 가능성이 전혀 없는 질문까지 준비해야 한다."[44]

유명한 외과의사이자 교수인 아툴 가완디(Atul Gawande)는 연습의 중요성에 대해 이렇게 말했다. "나는 이제 막 대학을 졸업한 젊은 이가 내 테니스 서브 실력을 쳐다보는 것에도 주의를 기울인다. 그런데 어째서 누군가 수술실로 들어와 내 수술 스킬을 가르치려 드는 것은 상상도 할 수 없는 일이 되었을까?"[45] 가완디 박사의 통찰력은 특정한 지적 분야에서 탁월한 사람들이 전문가라는 이유로 더 이상 연습하지 않는 현실을 꼬집는다.

이는 조직의 주요 임원들도 흔히 저지르는 실수나. 임원급 관리자들과 함께 전략적 사고 워크숍을 실시하면 "우리 회사의 주요 임원들도 이런 교육이 필요하겠군요."라고 항상 말한다. 자신의 역할을 잘 수행하려면 특정 행동을 연습하는 데 게으르면 안된다. 그래야만 조직 내의 어느 직급에서든 극적인 경영 개선에 필요한 잠재력이 발휘될 수 있다. 다음 단계는 이러한 행동을 어떻게 연습할지 결정하는 것이다.

어린 시절 우리는 피아노 연주든 타격 연습이든 구구단 암기이든 기술을 개선하는 열쇠는 바로 연습이라고 배웠다. 물론 성인이 되어서는 연습의 가치가 모두 똑같지 않다는 것을 알았다. 골프 연습장을 10분 동안 재빨리 살펴보라. 훈련 목표나 피드백, 의도적인 수정도 없이 연달아 스윙만 하면 재미는 있을지 몰라도 골프 실력은 전혀 나아지지 않는다는 사실을 깨닫게 된다.

의학처럼 고도의 전문 교육을 받는 분야의 박사들은 시간이 지나면 당연히 실력이 좋아질 것으로 믿는 듯하다. 하지만 연구에 따르면, 대부분의 경우 그렇지 않다고 한다. 사실 유방조영술의 경우, 시간이 지나면 대개 정확성이 떨어진다[46] 『인플루언서(Influencer)』

205
제3장 _ 영원한 승자가 챔피언이다

의 저자 케리 패터슨(Kerry Patterson)은 연습의 중요성에 대해 이렇게 기술했다.

"20년 경력의 베테랑 신경외과 의사가 5년 경력의 신참 의사보다 기술이 좋을 가능성은 거의 없다. 이 둘의 실력 차이는 경험과는 무관하다. 오직 연습이 모든 것을 결정짓는다. 완벽한 기술을 만드는 것은 바로 연습이다."[47] 그러니 연습과 기술 연마에 숨은 과학을 눈여겨보면 우리는 효과적인 행동을 개발하는 지름길을 확보할 수 있다.

행동은 눈으로 볼 수 있는 활동이다. 그리고 활동에는 생각과 움직임이 포함된다. 신경섬유, 즉 신경세포 사슬의 순환을 따라 정확히 계산된 전기적 신호가 이동한 결과가 바로 생각과 움직임이다. '미엘린(myelin: 수초를 구성하는 지방질 물질)'이라고 불리는 전기 절연체는 신경섬유를 감싸고 있다. 미엘린은 마치 전선을 둘러싼 고무 절연체처럼 신경섬유를 차단해 전기신호의 속도와 힘, 정확성을 키운다.[48] 우리가 특정 활동을 더 많이 연습할수록 이 회로를 둘러싼 미엘린 층도 늘어난다. 이렇게 미엘린의 절연 기능이 향상될수록 생각과 움직임의 정확성이 커지고 속도도 빨라진다. 특정 행동의 기술이 향상되는 것이다.

UCLA의 신경학과 교수인 조지 바트조키스(George Bartzokis)는 미엘린의 기능을 이렇게 요약했다. "기술, 언어, 음악, 움직임은 모두 살아 있는 회로로 이루어진다. 모든 회로는 특정 법칙에 따라 성장한다. 그렇다면 뛰어난 운동선수들은 훈련할 때 어떻게 할까? 이들은 전선을 따라 정확한 자극을 보낸다. 즉, 해당 전선을 수초화(미엘

린화: 뇌의 신경세포 회로가 치밀해져 정보처리 속도가 빨라짐)하여 신호를 보내는 것이다."[49]

새로운 행동을 효과적으로 개발하려면 그 행동을 구성 요소별로 조각조각 나누면 된다. 구성 요소별로 조각조각 나누는 연습을 한 다음 다시 그 조각들을 하나로 결합하는 연습을 해야 한다. 조각조각 나누는 연습을 할 때는 천천히 해야 더 효과적이다. 실수를 허용하고 바로잡아야 할 시간이 필요하기 때문이다.

골프 스윙을 더 잘하려고 노력한 적이 있다면 단번에 전체 스윙을 바꿀 수 없다는 사실을 잘 알 것이다. 코치는 먼저 스윙을 단계별로 나눈 다음 스윙의 구성 요소를 살펴보라고 할 것이다. 스윙의 구성 요소는 스탠스(자세), 그립(골프채 잡기), 어깨와 머리의 자세, 클럽 테이크 어웨이(클럽 헤드가 오른발을 지나기 전까지의 자세), 백스윙, 탑 스윙, 다운 스윙, 팔의 자세, 임팩트 때 손 모양, 팔로우 스루, 피니시 등으로 이루어진다. 일단 분석이 끝났으면 이제 조각조각으로 나눈 과정 중 하나를 골라 '근육 기억'을 만드는 데 공을 들인다. 더 정확히 말하면 신경다발을 둘러싼 미엘린을 더 많이 증가시키라는 말이다. 조각조각 나눈 동작을 연습할 때마다 최상의 상태로 실행해야 한다. 회로 주변의 미엘린을 더 천천히 만들수록 기술 수준도 높아진다.

이제 전략적 사고 행동을 활용하여 자원 배분을 해보자. 누군가에게 "자원을 더 효과적으로 배분하라."고 지시하면 분명히 어리둥절할 것이다. 효과적인 자원 배분 행동에는 수많은 생각과 활동이 수반된다. 그러므로 전략적 사고 행동을 요소별로 나누어야 한다.

먼저 자원 배분 행동과 관련된 각 회로를 확인해야 한다. 다음의 설명을 참조하라.

- 시간을 투자한 활동을 목록으로 작성한다.
- 각 활동에 시간을 얼마나 투자했는지 분석한다.
- 활동에 투자된 시간을 시각적으로 묘사하기 위해 그래프를 작성한다.
- 시간 트레이드오프 매트릭스를 활용하여 어떤 활동의 투자 시간을 삭제, 감축, 증가시키거나 새로 만들지 결정한다.
- 미래의 시간 배분을 묘사하기 위해 새로운 선을 그려 넣은 그래프로 다시 작성한다.
- 확인된 시간 트레이드오프를 만드는 데 필요한 실천 단계 목록을 작성한다.

관리자들이 시간이 흘러도 더 전략적으로 발전하지 못하는 것은 1년에 단 한 번 진행되는 연간기획 과정 중에만 관련 업무를 수행하기 때문이다. 전략적 사고 회로를 둘러싼 미엘린층을 더 두껍게 만들려면 전략적 사고를 정기적으로 연습할 필요가 있다. 여러 활동으로 이루어진 특정 행동의 주요 회로가 30일 동안 사용되지 않으면 그 기술은 나빠지기 마련이다[50] 만약 해당 비즈니스에 대해 전략적으로 생각하는 데 필요한 프레임워크와 질문에 적어도 한 달에 한 번이라도 시간을 할애하지 않는다면 전략적인 리더가 되기는 어렵다.

리더에게는 주요 행동을 스스로 연습할 기회가 있다. 뿐만 아니라 날마다 직원들과 상호작용함으로써 그들이 기술을 개발하고 연마하는 기회도 제공할 수 있다. 관리자들이 연습할 기회로는 1:1 대화, 고객 방문, 직원 회의 등이 있다. 한 달에 한 번 있는 전략적 대화와 워크숍은 모든 직원들의 수행 능력을 향상시킬 만큼 수준 높은 경험이 될 수 있다. 다음은 이러한 상황이 진행되는 동안 리더가 지시를 내리는 데 지침이 될 만한 세 가지 연습 원칙이다.

1. 연습의 제 1원칙: 먼저 목표를 설정하라

자녀의 스포츠 팀을 가르쳐본 경험이 있다면 재미있는 훈련과 기술 개선에서 조화를 이루는 것이 얼마나 힘든지 알고 있을 것이다. 모든 에너지를 운동장에만 쏟으면 아이들은 계속 움직여야 하므로 속사포처럼 빠른 훈련이 되거나 혼란스러운 난투극이 되기 쉽다. 한 팀의 연령대가 아무리 다르더라도 모든 연습에는 달성하고자 하는 목표가 적어도 한 가지 이상은 있어야 한다. 연습하는 동안 필요한 과제를 성취하기 위해 노력하는 것이 목표다. 목표에는 더 빠른 발놀림, 향상된 수비 실력 등이 포함될 수 있다. 연습에 앞서 목표가 정해지면 목표 달성에 필요한 활동을 선택해야 한다.

이는 관리자들에게도 똑같이 적용할 수 있다. 관리자와 관리자의 업무와 관련하여 그의 주요 행동을 개선하는 데 어떤 목표가 유용할까? 다시 말해 관리자가 주요 행동을 연습할 때 어떤 과제를 성취하려고 노력해야 할까? 관리자가 시장에서 경쟁사의 전략 접근법에 대한 이해도를 높이는 것이 목표일까? 주요 대학병원에서 실시한 임상 실험을 더 많이 확보하기 위해 의료 전문가와의 관계를 긴밀히 구축하는 것이 목표일까? 조직의 우선순위를 조직 내부의 다른 분야에 맞추어 조정하기 위해 영향력을 발휘하는 것이 목표일까? 목표가 무엇이든 연습 목표를 정하는 것이 맨 먼저 할 일이다.

2. 연습의 제 2원칙: 전체를 조각으로 나누어라

앞에서 논의한 대로 새로운 행동은 각 구성 요소로 나뉠 때 가장 효과적으로 체득할 수 있다. 일단 새로운 행동을 각 구성 요소로 나누었으면 해당 요소들을 천천히 반복 연습한다. 회로가 더 큰 지력 (知力)을 세울 때까지 계속 연습해야 한다. 올림픽에 출전할 다이빙 선수들도 부분 동작으로 나누어 숙달시킨다. 이 동작들이 하나로 연결되어야 멋있는 다이빙 동작이 완성된다. 각 동작이 따로따로 숙달되고 그에 상응하는 신경 회로에 미엘린이 추가되면 다이빙 선수는 첫 번째 기술 회로를 활성화하여 다이빙을 시작할 수 있다. 그리고 그 다음 단계로 넘어간다.

일단 관리자가 연습 목표를 정했으면 다음 단계는 목표 행동을 각 구성 요소로 나누는 것이다. 앞에서 제시된 자원 배분 행동 사례에서 목표 행동을 구성 요소별로 나눈 다음, 각 단계를 숙달시키는 방법이 설명되었다. 숙달은 관리자가 각 구성 요소로 나누어진 행동을 전체로 결합할 때 발휘되는 것이다. 이 과정에 도움을 주려면 플로우 차트를 이용해 각 조각들을 그린 후, 그 조각들이 결합된 행동에 어떻게 들어맞는지 보여준다.

3. 연습의 제 3원칙: 해결책을 교정하라

뛰어난 교사나 코치들은 학생이나 선수들의 오류를 교정하고 개선에 필요한 활동을 연습시키는 능력이 뛰어난 편이다. 교수자는 사례연구법을 활용하여 실무를 가르치면서 학습자들과 대화를 시작한다. 학습자들과의 대화는 사례 속의 핵심 문제를 밝히는 데 그들의 사고를 향상시킬 만한 질문과 제시로 구성되어 있다. 대안으로 최소 3~5가지를 고안한 후, 문제를 풀어 본다. 먼저 한 가지 대안을 선택해 추천해본다. 대화는 다음에 제시한 것처럼 진행할 수도 있다.

교수자 왜 해당 기업은 이익을 내지 못했는가?

학습자 이 기업은 세계화를 추진해야 했습니다.

교수자 가능성 있는 대안인걸. 그런데 왜 이 기업이 이익을 내지 못했는가?

학습자 새로운 경쟁사 때문입니다.

교수자 시장에서 새로운 경쟁사의 위치는 어디인가?

학습자 저가시장을 주도하고 있습니다.

교수자 그래, 그 점이 해당 기업에 어떤 영향을 미쳤는가?

학습자 이 기업도 신생 경쟁사에 맞추어 제품 가격을 낮추었습니다. 하지만 더 이상 높은 수익을 낼 수 없었습니다. 그래서 이익을 내지 못한 것입니다.

교수자가 학습자와의 대화에 좀 더 일찍 개입했더라면 훨씬 더 쉽고 빠르게 진행되었을 것이다. 하지만 그랬더라면 학습자는 적당한 결론을 도출하는 데 필요한 연습을 못했을 수도 있다. 교정("가능성 있는 대안인걸. 그런데 무슨 이유로······.")을 활용한 이후의 연속 질문으로 다음과 같은 공식이 나올 수 있었다.

연습 ➡ 교정 ➡ 재연습

교정은 비판과는 다르다. 보통 누군가 잘못된 행동을 했을 때 비판하게 마련이다. 이때는 대부분 부정적으로 말한다. 야구선수의 경우, 이런 비판을 받을 수도 있다. "수비수에게 달려들지 마!" 그런데 이런 경우 다음과 같은 교정이 제시될 수 있다. "어깨를 한쪽으로 비스듬히 기울이고 발은 이리저리 움직여." 교정이란 문제점을 개선할 수 있도록 명확하고 구체적인 지침을 제공한 다음 즉시 피드백할 수 있도록 기회를 주는 것이다.

미국 대학농구의 전설인 존 우든(John Wooden) 감독이 이끈 UCLA 남자농구팀은 전미 대학농구대회에서 10번이나 우승을 차지했다. 1970년대 존 우든 감독의 성공적인 연습 습관을 더 잘 이해하기 위한 연구가 진행되었다. 연구진은 그가 연습하는 동안 별개의 교습 활동을 2,000건 이상 기록하고 부호로 처리했다. 뜻밖에도 그가 선수들을 칭찬한 행동은 6.9%에 불과했다. 불쾌한 감정을 표현한 것도 6.6%에 그쳤다. 반면 순수 정보 전달은 75%나 되었다.[51]

우든 감독은 선수들에게 길고 지루한 비난을 퍼붓는 데 시간을 허비하지 않았다. 그저 선수들이 해주길 바라는 바를 전달했고 즉시 그것을 하도록 지시했다. 그의 제자 중 한 선수는 우든 감독에 대해 이렇게 묘사했다. "감독님이 교정할 때 내가 받은 것은 정보였다. 그것은 내게 가장 필요한 부분이었다. 정보를 제공받았기 때문에 교정과 변화를 꾀할 수 있었다. 변화를 촉진하는 것은 바로 정보다."[52] 우든 감독은 선수를 비난("아니야, 틀렸잖아. 도대체 무슨 생각을 하는 거야!")하는 대신 유익한 해결책을 명확하고 간결하게 제시했다. 진부한 칭찬이나 지루한 비난을 하느라 하루 몇 시간이나 허비하는가? 당신은 관리자의 행동에서 나타난 문제점을 개선할 유용한 해결책(정보)을 제공해주고 있는가?

▪▪ 전략의 성패도 습관에 달려 있다

행동을 계속 연습하면 습관이 형성된다. 습관이란 "빈번한 반복
이나 규칙적인 생리적 노출 또는 기량 연마를 통해 획득한 행동 패
턴, 즉 거의 또는 완전히 무의식적으로 획득한 행동 양식"[53]으로 정
의된다. 행동에 따라 습관은 긍정적(아침 운동)이거나 부정적(도박 중
독)인 것이 될 수도 있다. 전략적 습관의 목표는 긍정적인 습관은 장
려하고 부정적인 습관은 긍정적인 것으로 전환하는 데 있다. 누구든
나쁜 습관을 고치려고 노력한 적이 있다면 말보다 행동이 어렵다는
사실을 알 것이다.

매사추세츠 공대 연구진이 습관 속에 숨은 과학을 밝혀냈다.[54]
습관은 다음의 세 가지 요소로 구성된다.

> 1. 신호(계기)   2. 루틴(행동)   3. 보상(결과)

습관의 핵심은 신경학적 고리에 있다. 습관은 좋은 것도 있고 나
쁜 것도 있다. 아침 6시마다 손을 핥으면서 사람을 깨우는 개는 좋
은 아침 운동습관의 신호가 된다. 그리고 루틴은 호수를 따라 달리
는 조깅이고 달콤한 초콜릿 맛의 시원한 단백질 쉐이크는 보상이
된다.

지루함은 도박 중독처럼 나쁜 습관의 신호로 꼽힌다. 술집에 가

포커를 하는 것은 루틴에 해당한다. 게임에서 이기거나 아깝게 져흥분하는 것(혹은 지루함을 없애주는 것)은 보상이 된다. 모든 습관은 이렇게 신호, 루틴, 보상으로 연결되는 구성 요소로 이루어져 있다. 우리는 좋은 습관은 만들고 나쁜 습관은 버리는 식으로 전략접근법을 개선하기 위해 이같은 습관 모델을 활용할 수 있다.

비즈니스를 약화시키는 가장 나쁜 습관 중 하나가 바로 업무 중 소방 훈련(예상못한 바쁜 일 처리) 같은 것이다. 이는 사람들이 자신들의 전략 계획에 따라 진행하는 목적지향적 업무를 멈추고 방금 발생한 긴급한 일을 처리하려고 즉시 돌입하는 상황이다. 만약 긴급한 현안이 중요한 일이라면 물론 곧바로 처리해야 한다. 하지만 긴급하기는 해도 하찮은 일들이 부지기수다. 그런데도 사람들은 여전히 그런 일들을 신경쓴다. 이로 인해 귀중한 시간과 인력, 예산이 낭비된다. '그림 4.3'은 소방 훈련 습관을 묘사한 것이다.

나쁜 습관을 제거하는 일의 관건은 루틴, 즉 행동을 좀 더 긍정적이거나 생산적인 방법으로 대체하는 것이다. 신호와 보상은 그대로 유지하면서 루틴을 긍정적이거나 생산적인 것으로 대체하면 나쁜 습관을 좋은 습관으로 바꿀 수 있다. 시스템 속에 근본 원인을 이해하는 부분이 있어서 일부는 예방할 수 있더라도 소방 훈련 사례에서 보듯이 비즈니스 중간에 갑자기 발생하는 업무 화재는 계속 일어날 것으로 예상된다. 신호 즉, 불이 습관을 촉발한다면 계획에 없던 활동이 난무하는 현재의 루틴을 새로운 것으로 바꿔야 한다.

'그림 4.4'에 제시된 '그 문제 좀 생각해 봅시다.'처럼 간단한 문구로 루틴을 바꿀 수도 있다. 이 문구를 접한 사람들은 긴급한 현안

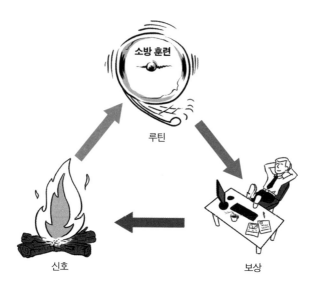

 배치 생략

그림 4.3 소방 훈련 습관

이 발생했을 때 즉시 반응하는 대신 현재 공들이고 있는 일의 다음 계획을 숙고하려 할 것이다. 반드시 참석해야 하는 일일까? 이것이 우리가 책임져야 하는 일일까? 이 화재는 어디서 시작되었지? '그림 4.4'는 새로운 습관을 보여준다.

또 우리는 이런 기술을 활용하여 사전에 긍정적인 비즈니스 습관을 형성할 수 있다. 예를 들어, 전술은 있지만 전략은 부족한 일선 관리자들을 둔 리더가 있다고 치자. 리더는 그들에게 전략적인 사고 스킬을 개발시켜 주고 싶다. 긍정적인 습관으로 굳어지는 행동을 전략적 사고 스킬로 만들고 싶은 것이다. 이때 새로운 경쟁사의 활동 같은 비즈니스 과제가 신호가 된다. 그리고 현재 루틴은 비즈니스라는 잡초 덤불에서 일하는 관리자들로 구성되어 있다. 결과는 수익이

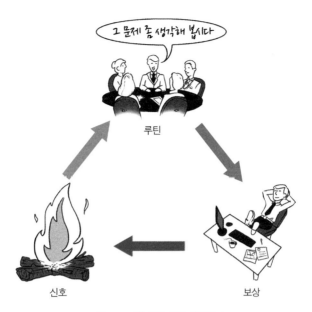

그림 4.4 소방 훈련 습관 수정하기

지만 겨우 생존하는 정도다.(그림 4.5 참조)

이런 습관을 수정하려고 리더는 현재의 전술 루틴을 전략적 사고 개발 스킬로 대신하고자 한다. 이 기술은 통찰력 발휘(감각), 트레이드오프를 통한 자원 집중(배분), 효과적인 전략 수행(실행)이라는 세 가지 기본 원칙을 활용하고 있다. 기대되는 결과는 경쟁사 추월과 자사의 이익 극대화다. 우리는 이와 같은 새로운 습관을 활용해 '그림 4.6'과 같은 '신호-루틴-보상' 프레임워크를 그려낼 수 있다.

일반적인 비즈니스 습관 중 대부분 강화되는 분야가 바로 전략기획이다. 많은 조직에서 달력은 이런 행동의 신호가 된다. 달력이 10월이나 11월을 가리키면 그것은 전략 기획 행동, 즉 루틴을 촉발한다. 더 노련하거나 냉소적인 관리자들은 이 루틴을 다수의 네모

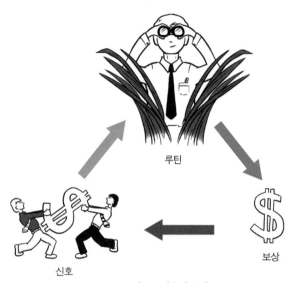

루틴

신호

보상

그림 4.5 전술적 습관

칸을 채우는 행동으로 묘사하기도 한다. 대형 파워포인트 슬라이드 덱을 만드는 네모 칸 말이다. 성취감이나 안도감, 가시적인 계획 등은 보상에 해당된다. '그림 4.7'에 이 습관이 묘사되어 있다.

하지만 몇 가지만 조정해도 이 전략 기획 과정은 훨씬 더 생산적이고 가치 있게 바뀔 수 있다. 첫 번째 조정은 신호(달력)는 동일하게 유지하되 연간 도화선 대신 월간 도화선으로 바꾸는 일이다. 한 달에 한 번씩 작용하는 신호는 새로운 루틴을 촉발한다. 새로운 루틴은 반나절 동안 진행되는 전략 사고 회의를 포함한다. 이는 새로운 통찰력을 결집하고 기존 목표와 대상, 전략, 전술, 측정 기준을 검토하며 적절한 수정을 위한 것이다. 그 결과 대단히 적절한 실시간 전략 실행 계획이 수립되어 직원들의 일상 활동을 촉진하고 전

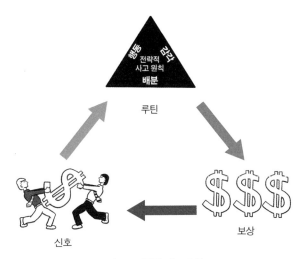

그림 4.6 전략적 사고 습관

럭 방침에 대한 더 큰 신뢰감이 생긴다. '그림 4.8'에 이 새로운 습관
이 표현되어 있다.

　다음의 10가지 질문은 부서원들의 전략 습관을 개선하는 데 유
용하다.

1. 가장 바꾸고 싶은 부서의 전략 습관은 무엇인가?
2. 이 습관의 신호, 루틴, 보상은 무엇인가?
3. 이 습관을 완전히 바꾸기 위해 대신 할 수 있는 새로운
　 루틴은 무엇인가?

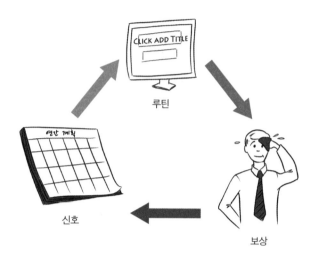

그림 4.7 연간 전략 기획 습관

4. 당신 자신이 가장 바꾸고 싶은 전략 습관은 무엇인가?

5. 그 습관의 신호, 루틴, 보상은 무엇인가?

6. 당신의 습관을 완전히 바꾸기 위해 대신 할 수 있는 새로운 루틴은 무엇인가?

7. 새로 만들고 싶은 습관은 무엇인가?

8. 이 습관의 신호, 루틴, 보상은 무엇인가?

9. 이 습관을 만들려면 어떤 자원의 배분을 바꾸어야 하는가?

10. 이 습관을 지속하려면 어떤 문화적, 조직적 변화가 필요한가?

탁월한 전략이 미래를 창조한다

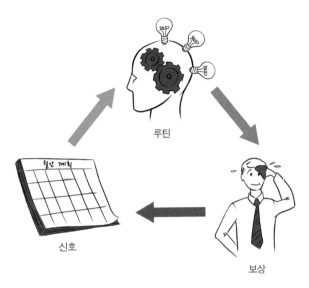

루틴

신호

보상

그림 4.8 월간 전략 평가 습관

▪▪ 전략적으로 소통하라

일부 조직의 전략 기획은 펭귄들의 짝짓기 의식과 비슷하다. 황제펭귄은 1년에 단 한 번 겨우 몇 분 간의 짝짓기를 위해 무려 120km를 뒤뚱뒤뚱 걸어온다. 짝짓기가 끝나면 암컷 펭귄은 바로 자리를 뜬다. 마치 연간 순례처럼 이틀 동안 외부 전략기획 미팅을 떠났다가 '진짜' 업무를 하기 위해 사무실로 다시 돌아오는 관리자들과 다를 바 없다. 전략은 결코 이벤트가 아니다. 따라서 소통은 계속되어야 한다.

전략적 리더십을 최대한으로 기르려면 효과적인 전략적 소통이

가능해야 한다. 전략적 소통이란, 비즈니스의 핵심 전략 요소와 관련된 아이디어, 소신, 의견을 나눌 때 권장되는 체계적인 방법이다. 소통이라는 단어는 '함께 돌다'라는 의미의 라틴어 'con versare'에서 유래되었다. 전략적 소통을 나눌 때 참가자들은 다른 사람과 함께 한 지점에서 다른 지점으로 정신적 이동을 하는 것이다. 다음의 세 가지 특성은 건전한 전략적 소통을 촉진한다.

1. **솔직함** 아이디어나 의견을 솔직히 표현하려는 마음
2. **유보** 아이디어를 곧바로 판단하지 않고 귀담아 들어 주는 자세
3. **개방성** 결과를 예측할 수 없는 상황에서도 강인한 정신력을 발휘하는 능력

참가자들이 이 세 가지 기준을 수용할 수 있다면 각기 다른 새로운 관점을 독려함으로써 획기적인 전략이 탄생할 수도 있다. 리더의 행동은 직원들이 전략적 소통을 효과적으로 수행하는 데 결정적인 역할을 한다. 만약 리더가 직원들의 의견이나 아이디어를 주의해 묻지 않고 곧바로 비난한다면 그들은 절대로 솔직히 말하지 못하게 된다.

만약 직원들이 못마땅하다는 표시로 눈치를 보면서 판단을 유보할 수 없다면 그 소통은 금방 끝날 수밖에 없다. 어떤 관리자가 제대

로 된 답변을 하지 못하는 상황이라면 그나마 정신력이 강한 관리자가 중립적인 자세로 소통을 주도할 수도 있다. 물론 관리자의 머릿속에 있는 지식과 통찰력을 완벽히 활용할 수 있는 리더도 극히 드물지만 없지는 않다.

소통은 바로 대화와 토론이라는 두 유형의 의사 교환으로 이루어진다. 대화와 토론이라는 용어는 사실 많이 혼용되고 있다. 하지만 직원들의 전략적 소통을 용이하게 하려면 이 두 용어를 정확히 구분해야 한다. 새로운 전략적 소통은 대화로 시작된다. 대화는 특정 문제에 대한 아이디어나 의견을 교환하는 것이다. 먼저 조직의 전략 기획 과정을 곰곰이 생각해보라. 열린 마음으로 아이디어와 의견을 나누고 있는가? 아니면 단지 리더의 교훈적인 독백과 비판을 견디기 위해 새로운 아이디어가 필요한 것인가?

대화(dialogue)라는 말은 '말을 통한 의미의 흐름'을 뜻하는 그리스어 'dia-'와 '-logue'에서 유래되었다.[56] 전략적 소통이란, 두 사람 이상이 모여 비즈니스의 중요한 사안에 대해 합의를 이끌어내고 각자의 통찰력을 서로 나누는 것이다. 이러한 전략적 소통을 정기적으로 하는 것이 중요하다. 1년에 한 번 있는 전략기획 회의나 외부 연수로는 부족하다. 램 차란(Ram Charan)은 대화의 중요성에 대해 이렇게 강조했다. "대화는 마치 경쟁우위처럼 새로운 아이디어나 빠른 일 처리를 이끌어낼 수 있다. 그것은 지식노동자의 성장과 생산성을 끌어올릴 가장 중요한 요인이다."[57]

직원들이 전략적 주제를 중심으로 한 대화로 인해 진이 빠지면 리더는 이제 그들에게 토론을 시작하도록 유도한다. 토론을 통해 직원들은 탐색적인 대화에서 도출된 통찰력을 분석한다. 그리고 상황을 개선하는 해결책을 개발하기 위해 분석된 통찰력을 활용한다. 토론 중 발생한 실행가능한 전략, 책임, 이행은 대화가 낳은 최종 결과물이다. 이런 식으로 초점이 명확해지고 트레이드오프가 비교·평가되며 의견이 결정된다.

하지만 대부분의 전략개발팀은 안타깝게도 토론으로 시작하려 한다. 열린 마음으로 미지의 것을 탐색하기 위해서는 아이디어 교환을 기반으로 한 탐구적인 대화로 시작하는 것이 좋다. 하지만 사람들은 바로 작전 형식을 띤 해결책을 제시하는 것이다. 이렇게 되면 혁신적이고 가정에 도전하는 탐색적인 대화의 본질이 약해질 수밖에 없다. 또한 처음부터 전략적 사고에 가담하지 않고 바로 전략 기획에 뛰어드는 사람들은 새로운 아이디어나 기회, 전술을 간과할 가능성이 크다. 그 결과 이전과 같은 기획으로 인해 조직은 침체되고 전략 개발 과정에 대한 관심도 영영 사라질 수 있다.

전략적 소통은 반드시 공식적, 비공식적 두 군데 장소에서 자주 해야 한다. 전략적 소통이 전략 개발 과정을 대신할 수는 없다. 한 해의 전략 기획 과정을 보완하고 그 과정의 효율성과 결과를 강화하기 위한 기술일 뿐이다. 마치 렌치의 손잡이를 늘리면 다루기 힘든 볼트를 돌리는 힘이 강해지는 것처럼 전략적 소통은 전략 기획 과정의 효율성을 강화하기 위해 필요한 것이다. 다음은 경영팀에서 전략적 소통을 도입하는 데 필요한 세 단계.

1. 전략적 소통 기술을 교육하라

관리자들에게 대화와 토론의 차이를 설명한 입문서를 제공한다. 부서원들의 전략적 소통을 이끄는 데 필요한 질문과 도구, 기술의 개요가 기록된 관련 정보도 함께 말이다. 직원들이 곧바로 해결책을 내놓는 대신 열린 마음으로 아이디어와 의견을 나누도록 하는 것이 중요하다.

2. 전략적 소통에서 도출된 통찰력을 기록하라

관리자들은 공식·비공식 전략적 대화를 통해 도출된 통찰력을 반드시 기록해야 한다. 이는 자신들의 전문 지식을 축적하기 위한 것이다. 전략적 리더는 자신의 통찰력과 지식에 대해 혹은 이번 교환에서 삭제할 것이 있는지 부단히 자문해야 한다.

3. 분야와 수준이 서로 다른 사람들을 참여시켜라

새로운 생각을 자극할 수 있도록 서로 다른 분야와 다른 직급의 사람들을 전략 대화에 참여시킨다. 각기 다른 관점에서 비롯된 참신한 전망은 사고의 새로운 통로를 열어 준다. 런던 경영대학원의 돈 설(Don Sull) 교수는 전략 대화의 중요성에 대해 이렇게 기술했다.

"전략 토론이 최상위 조직에 집중되지 않아야 한다. 전략적 토론은 모든 조직에서 이루어져야 한다. 조직 부서원들이

기업의 광대한 목표를 구체적인 실천으로 옮기지 못한다면
전략은 임원들의 양복 속에 묶여 오도가도 못할 것이다.[58]

전략적 소통에 대해 결론지을 때는 반드시 약속(commitment: 혹은 전념이나 헌신)이 있어야 한다. 이 약속은 탐색적인 대화나 해결책을 찾는 토론 중에 정해진다. 약속은 다음 대화 일정을 정하는 것처럼 간단한 내용도 있지만 경쟁사의 새로운 사업에 대한 정보 수집을 위해 전략회의실을 만드는 것처럼 세심한 주의가 요구되기도 한다.

중요한 것은 소통을 통해 실천 방안을 마련해야 한다는 점이다. 전략적 소통의 결론에 따라 당신은 전문 지식(의견)의 기초를 쌓기 위해 직원들의 의견 교환에서 도출된 중요한 통찰력이나 지식 혹은 삭제된 것들을 기록하고 싶을 것이다. IBM의 전략 담당 리더였던 J. 브루스 해럴드(J. Bruce Harreld)는 전략에 대해 이렇게 기술했다. "전략의 본질은 사실에 근거한 잘 훈련된 소통에 있다."[59]

∎ 스토리의 힘을 활용하라

다음에 소개하는 훈련을 신속히 시도해보라. 우선 작년에 실행했던 전략 기획 중에 머릿속에 떠오르는 내용을 바로 기록한다. 그

탁월한 전략이 미래를 창조한다

런 다음 '신데렐라(Cinderella)'에 대해 기억나는 대로 적어 본다. 방금 쓴 전략기획은 1년도 채 안 된 반면, '신데렐라'는 읽은 지 수십 년은 지난 이야기다. 그런데도 작년의 전략 기획보다 동화 스토리가 훨씬 더 잘 기억난다. 왜 그럴까? 인지심리학자들이 수년 간 연구한 결과, 스토리가 오늘날 전략 기획 파워포인트 덱으로 주로 구성하는 게시판 목록보다 훨씬 더 기억하기 쉬운 방법으로 드러났다.

스토리는 실제 경험이나 가공의 사건을 서술 형식으로 풀어낸 것이다. 연구에 따르면, 스토리는 배경, 등장인물, 인물들의 관계, 사건의 연결, 갈등, 해결 등의 구성 요소를 하나로 묶어 순차적인 이야기로 일관적으로 제공하기 때문에 우리 머릿속에 더 쉽게 남는다고 한다.[60] 반면 게시판 목록은 이야기의 흐름이 없어 최신 효과 (recency effect)와 초두 효과(primacy effect)를 일으킨다. 사람들이 맨 처음과 맨 나중에 본 것만 기억할 가능성이 크다는 말이다. 하지만 그 사이에 본 것들은 잘 기억나지 않는다.

연구원 마이클 캐리거(Michael Carriger)는 직원들이 주요 항목으로 제시된 기업 전략과 이야기 형식의 기업 전략 중 어떤 형태의 정보를 더 잘 기억하는지 비교하기 위한 연구를 실시했다. 우선 일부 직원들에게 파워포인트로 작성한 기업 전략을 제공했다. 4개월에 걸쳐 프레젠테이션이 진행되었는데 직원의 29%는 기업 전략을 차별화의 하나로 여겼다. 그리고 58%는 기업 전략이 고객친화성에 초점을 맞춘 것이라고 생각했다. 나머지 13%는 원가 경쟁력에 초점을 맞춘 것이라고 여겼다.[61] 이후 직원들에게 자신의 답변이 정답일 확률을 5점 만점으로 매기라고 했을 때, 돌아온 답변은 고작 2.9

점에 불과했다. 게다가 기업 전략에 대한 기억도 너무 부족했다. 직원들도 자신들의 대답이 확실하지 않다는 것을 알고 있었다. 캐리거는 이렇게 결론지었다. "흥미롭게도 직원들에게 전략에 대해 이해시킬 때 '스프링보드 스토리'(변화가 성공적으로 수행된 실례) 형식으로 제시하는 것이 각종 수치와 정보를 나열하는 전형적인 파워포인트 프레젠테이션 형식보다 더 효과적으로 보였다."[62]

모든 슬라이드를 연결한 주요 항목과 달리 스토리 형식은 스토리의 주요 구성 요소들 간의 중요한 연관성과 관계를 보여준다. 이는 작성자가 스토리의 소재에 완전히 숙달했다는 사실을 입증하는 것이다. 사람들은 스토리를 들으면 머릿속에 먼저 이야기 배경을 떠올려본다. 그리고 등장인물에 대해 이해하고 등장인물의 난관, 즉 갈등 상황을 확인하고 이들의 앞날이 어떻게 전개될지 알아본 다음, 마지막 장면을 그려본다.

아마존닷컴은 고객의 요구를 미리 예상해 광범위한 과제에 적합한 포괄적인 해결책(예를 들어, 당일 배송, 클라우드 서비스, 비디오 스트리밍 등)을 제공했다. 이는 조직에 스토리 형식을 도입한 고차원의 전략적 사고 덕분에 가능했다. 최고경영자 제프 베조스는 직원들에게 6페이지 분량의 이야기를 준비하게 했다. 그리고 토론 시작 전, 회의 초반에 그 내용을 침묵 속에서 읽게 했다. 베조스는 이러한 방식으로 이야기를 만들면 많은 이점이 발생한다고 설명했다. "완전한 문장으로 된 글을 쓰기는 어렵다. 문장에는 동사가 있다. 그리고 문단에는 중심 문장이 있다. 서사 구조의 글을 여섯 장이나 쓰면서 명확한 생각을 서술하지 않을 방법은 없다."[63]

탁월한 전략이 미래를 창조한다

스토리의 특징은 몇 가지 이유에 따라 적절한 전략을 제시하는 데 있다. 전략에는 트레이드오프가 뒤따르고 이는 누군가를 위험에 빠뜨릴 수도 있다. 훌륭한 스토리는 극적인 요소를 효과적으로 전달한다. 위험한 상황은 감정을 자극한다. 메마르고 생명력 없는 숫자를 기반으로 접근한 전략에 고무되는 사람은 아무도 없다. 이야기 형식으로 전략을 제공하면 사람들은 목표를 성취하기 위한 접근법 중 정확히 어느 부분에 열정적인지 검토할 수밖에 없다. 당신의 전략이 감정이나 흥미를 유발하지 않는다면 필수 불가결한 트레이드오프를 성사시킬 수 없다. 혹은 마지못해 시늉만 하게 될 뿐이다. 그렇게 되면 실패는 따놓은 당상이다.

스토리에는 항상 주인공이 존재한다. 그리고 주인공은 결국 승리한다. 또 라이벌도 있다. 주인공이 목표를 이루지 못하도록 항상 방해하는 존재다. 전략의 목적이 고객에게 최고의 가치를 제공하기 위해 자원을 배분하는 것이라면 자사는 영웅으로, 주요 경쟁사나 시장 통제는 악당으로 묘사된다. 적절한 전략에 스토리를 입혀 전달한다면 경쟁력 제고를 위한 열정이 식어버린 직원들의 불꽃이 다시 살아날지도 모른다.

몇 년 전 애플은 마이크로소프트사의 제품을 제공했던 매킨토시 컴퓨터를 엽기적인 악당으로 묘사한 광고를 한 적이 있다. 최근 삼성은 자사의 휴대전화를 새로운 영웅으로 표현하고 애플의 아이폰 특히 시리(siri) 기능을 한물간 악당으로 묘사한 광고를 내보냈다.

이야기는 현재 상황과 미지의 상황 사이에 긴장감을 조성한다. 우리는 영화를 보거나 책을 읽는 동안 계속 자문한다. '목숨은 건질 수 있겠지?', '배가 폭풍을 헤쳐나갈 수 있을까?', '이 여자가 진짜 살인범일까?' 효과적인 스토리는 우리를 미지의 세계로 데려가준다. 그리고 이 미지의 세계에서는 꿈꾸어왔던 세상이 펼쳐진다.

　　창의적이고 실행가능한 전략에도 긴장(어떤 트레이드오프를 진행해야 할까?)과 미지의 것에 대한 불안(우리의 전략은 어떻게 될까?), 불확실한 결과(우리는 성공할까, 실패할까?)가 수반된다. 그렇더라도 스토리 형식은 시장선도자의 자부심부터 자금이 부족하고 한 가지 제품에 사활을 건 도전자의 절박한 심정에 이르기까지 특정 상황을 극적으로 전달할 수 있다.

　　마지막으로 스토리는 오랫동안 기억에 시각적 인상을 창조하는 힘이 있다. '잭과 콩나무', '루돌프 사슴 코', '백설공주와 일곱 난쟁이'를 예로 들어 보자. 각 이야기마다 월트 디즈니 만화처럼 우리의 머릿속에 연속 이미지를 만들어낸다.

　　당신이 의도하는 대로 사람들을 움직이고 싶다면 많은 이미지를 만들어내는 스토리를 이용하면 효과적일 수 있다. 미국 대통령들의 취임 연설과 몇몇 주요 연설에 대한 연구가 실시되었다. 대통령의 언어 스타일과 청중이 그 연설에 감명받는 것이 어떤 관계가 있는지 확인하기 위해서였다. 연구 결과, 이미지를 조성하는 단어를 많이 사용한 대통령일수록 긍정적인 리더십 평가가 이루어졌다.

　　논문 필자는 연구에 대해 이렇게 결론지었다. "자신의 비전을 시각화하여 제시한 대통령은 사람들을 설득하는 능력이 뛰어났다."[64] 조직의 리더가 마음속에 이미지를 그리는 스토리를 활용하면 직원들로 하여금 전략 방침에 전념하도록 더 쉽게 설득할 수 있다.

⠰⠰ 전략 스토리는 어떻게 창조하는가

전략 스토리란, 팀을 성공적으로 이끌기 위한 전략적 접근법과 현재의 상황을 묘사하는 기술이다. 다음은 효과적인 전략적 스토리의 주 요소다.

- **상황** 시장에 대한 통찰력, 경쟁력 상태, 목표 등을 포함하여 비즈니스의 현 상태를 기술한 것이다.

- **참가자** 비즈니스의 성공이나 실패와 관련된 내·외적 주체를 말한다. 직원, 부서, 기업, 독립체 등이 참가자가 될 수 있다. 수백 개의 잠재적 참가자가 존재하므로 성공의 원동력이나 실패의 잠재적 원인으로 여겨지는 주요 참가자에 초점을 맞추어야 한다.

- **도전 과제** 리더가 비즈니스를 이끌 때 직면하는 주요 장애물을 말한다. 기존 경쟁자, 무형의 경쟁자(현 상태, 사기 저하 등), 내부 문제(영역 다툼, 책임 분담, 자원 배분 등) 등을 고려해야 한다. 가장 큰 도전 과제는 사실상 단 하나여야 하며 그것은 기업에 잠재적으로 가장 큰 영향을 미치는 것이어야 한다. 도전 과제가 잘 해결된다면 비즈니스에

긍정적인 영향을 미치지만 그렇지 않다면 부정적인 영향
을 미치게 된다.

■ 현안 현안은 가장 큰 도전 과제의 기저를 이루는 중요한
요소다. 이 현안들은 상황을 더 복잡하게 만들기도 하지
만 작은 도전들을 통해 해결에 이를 수도 있다.

■ 대안 도전 과제를 해결하기 위한 상호배타적인 3~5가
지 대안을 말한다. 비즈니스에서 직면한 도전 과제를 극
복하기 위해서는 모든 대안의 장·단점을 고려해야 한다.

■ 해법 주요 도전 과제를 극복하기 위한 전략으로 앞의 상
황에서 정의된 목표를 달성하는 것이 목적이다. 앞에서
제시한 3~5가지 대안들 중 하나로 해법을 정한다.

■ 실행 누가, 무엇을, 언제 등이 포함된 해법을 실행하기
위해 취해야 할 명확하고 구체적인 몇 가지 실천 단계를
뜻한다.

■ 주제 훌륭한 스토리에는 중심 주제나 전제(선과 악, 강자
와 약자)가 있다. 주제는 은유나 상징, 이미지(성취를 나타내

는 산봉우리, 성공을 향한 새롭거나 다른 방향을 나타내는 전지형 만능차) 등으로 나타낸다. 무엇보다 주제와 은유, 상징, 이미지가 스토리의 본질을 잘 표현하는지 숙고한다.

다음은 전략 스토리의 사례로 대괄호 안의 주제어는 스토리의 특정 부분을 의미한다.

[상황]

참 힘든 한 해였습니다. 매출액은 증가했지만 수익은 대폭 떨어졌습니다. 신제품을 출시한 지 9개월이 지났지만 앞날을 예측할 수 없는 상황입니다. 신제품은 훌륭합니다. 하지만 여러분도 아시다시피 우리의 상대는 약 800파운드짜리 고릴라(시장을 장악한 압도적 기업)인 가르강튀앙(Gargantuan)입니다. 올해 우리 회사의 주요 목표는 매출액을 늘리고 수익은 25%를 달성하는 것입니다. 이 정도 실적을 올리지 못하면 2년 안에 망할지도 모릅니다.

[참가자]

마샤(Marsh)는 마케팅 책임자로 자사의 신제품에 맞추어 막강한 브랜드 플랫폼을 만들었습니다. 소비자 마케팅과 디지털 홍보에 경험이 있는 B2B(기업 내 또는 기업과 기업 간 이루어지는 전자상거래) 공간에 화제를 일으킬 만한 캠페인을 벌였습니다. 장점이 많은 신제품이

므로 고가로 밀고 나가는 것이 맞다고 판단했습니다. 우리는 에버론(Everon)이나 미요트(Myott)처럼 중간 가격대 제품을 선호하는 고객층이 탄탄한 편입니다. 그러나 아르메니움(Armenium)이나 스타일런스(Stylance)처럼 잠재 고객을 더 많이 끌어들이지는 못했습니다. 스티브(Steve)는 판매부 부사장으로 잠재 고객을 더 많이 끌어오기 위해 가격 인하를 제안하며 직원들과 열정적으로 일했습니다. 5년간 같은 시장에 있던 가르강튀앙은 '충분히 훌륭한' 제품이면서도 중간 가격대를 유지하고 있습니다. 다른 경쟁사들도 이런저런 틈새 시장을 나름대로 갖고 있습니다.

[도전 과제]

우리는 자사의 가치 제안과 현실의 가격 전략 사이의 단절을 보았습니다. 그것은 지금까지 직면한 많은 도전 과제 중 가장 큽니다. 우리 제품은 가르강튀앙보다 고객들에게 더 많은 가치와 이익을 제공합니다. 하지만 가격도 더 비쌉니다. 그래서 계속 고급 제품을 공급하되 더 많은 매출액을 올리기 위해 가격을 내려야만 합니다. 마샤와 스티브는 서로 완전히 다른 계획을 세웠습니다. 그 중 한 가지는 포기해야 합니다.

[대안]

이제 대안을 내놓겠습니다. 첫 번째 대안은 아무것도 바꾸지 않고 지금처럼 밀고 나가는 것입니다. 그렇게 되면 현재의 비즈니스에 최소한의 혼란만 있겠지요. 하지만 매출액이 계속 떨어지는 상황에는 대처하지 못할 것입니다. 두 번째 대안은 마케팅 전략을 바꾸어 품질 좋은 제품을 저렴한 가격에 판매하는 것입니다. 가격을 낮추면 단기적으로는 이익이 될 수 있지만 판매팀에는 영향이 있을 것입니다. 가르강튀앙에 비해 우리의 분명한 장점 대신 가격에만 초점을 맞추는 것이니까요. 세 번째 대안은 계속 고가 브랜드 마케팅 전략을 밀고 나가는 것입니다. 그렇게 되면 우리는 높은 수익을 유지할 수 있고 제품을 판매할 때마다 상당한 이익이 발생할 것입니다. 하지만 가격을 가장 중요한 의사결정 요인으로 삼는 잠재 고객들의 구매는 위축될 것입니다.

[해법]

저는 이 신제품이 자사의 모나리자라고 믿고 있습니다. 우리 회사의 걸작이지요. 아무것도 바꾸지 않거나 가격을 낮추면 쉽게 목표를 달성할 수 있겠지요. 그러나 여러분이 저를 아시는 것처럼 저도 여러분이 그런 부류가 아니라는 것을 알고 있습니다. 여러분은 이 업계의 특별한 전문가입니다. 여러분은 우리가 목표를 달성하는 동안 우리의 앞길을 막는 것이 있다면 누구라도 가르강튀앙에게 덤빌 수 있는 유능한 팀입니다. 맞습니다. 우리가 버틸 수 있는 시간은 고작 2년입니다. 하지만 우리는 두려움 때문에 움직이지 않습니다. 갈망이 우리의 원동력입니다. 성공에 대한 갈망, 비즈니스에 대한 갈망, 우리에게 비즈니스를 성공시키고 싶은 갈망이 있었기에 그토록 열심히 일했습니다. 따라서 우리는 프리미엄 브랜드 마케팅 전략을 계속 유지할 것입니다. 가격을 내리지 않겠습니다. 처음부터 오직 품질로만 승부했으니까요. 명품을 선택하는 고객을 목표로 잡았으니까요. 가격에 좌우되는 고객과 형편없는 이윤은 가르강튀앙에 맡길 생각입니다.

[실행]

앞으로 2주 동안 마샤와 스티브는 목표 고객 기획을 수정하기 위해 함께 일할 것입니다. 주로 품질을 보는 고객들이 자사 제품을 구매할 가능성이 훨씬 더 크다는 프로파일을 만들 것입니다. 그런 다음 스티브는 지금부터 4주 동안 영업 관리자들과 함께 이 프로파일을 갖고 각 영역에서 어느 고객이 이 프로파일에 적합한지 확인할 것입니다. 또 스티브는 직원들과 함께 개정된 목표 고객 리스트를 개발할 것입니다. 그리고 앞으로 6주 동안 전략적 가치 판매와 할인 불가 정책에 대한 지침을 제공하기 위해 모든 영업 사원과 미팅을 가질 것입니다. 이번 분기를 시작으로 우리는 매달 초 리더 회의를 열 계획입니다. 우리 모두 목표를 이루기 위해 협력하고 서로 지원하는 전략에 공을 들이기 위한 것입니다.

[주제]

우리 회사는 규모가 작으므로 더 신속해야 합니다. 자원도 부족합니다. 그래서 더 집중해야 합니다. 실수는 용납 안됩니다. 우리는 약체입니다. 가르강튀앙은 강합니다. 하지만 우리는 기회를 좋아합니다. 이번 신제품 출시는 우리의 장기적인 성공에 반드시 필요한 것입니다. 달나라에 가는 로켓을 예로 들겠습니다. 달로 향하는 로

켓은 첫 발사 때 연료의 절반이나 써버립니다. 대기권의 중력을 벗어나기 위해 어쩔 수 없는 것입니다. 우리도 가르강튀앙의 시장장악력을 깨부수고 최고의 가치를 원하는 고객들을 만족시키기 위해 우리가 가진 자원의 대부분을 활용해야 합니다. 머릿속에 이 로켓을 기억해 두었다가 이번 임무 완수에 요구되는 노력과 팀워크를 생각할 때 함께 떠올려 보십시오.

효과적인 전략 스토리란, 우리의 감각과 감정을 결합해 현재의 비즈니스 상황과 앞으로의 전략 방침에 대해 더 쉽고 감동적으로 전달하는 탁월한 방법이다.

- 나음은 리더가 시간을 효과적으로 활용하는 데 유용한 방법이다.

  1. 한 가지 일에 많은 시간을 할애하여 집중하라.
  2. 이메일을 보내는 횟수를 줄여라.
  3. 타임 게이지와 시간 트레이드오프 매트릭스를 활용해 시간 트레이드오프를 만들어라.

- 영향력이란, 다른 사람들로 하여금 뭔가 실행하도록 만드는 힘 혹은 행동을 취하도록 만드는 능력이나 사람들에게 자신의 의견에 동조하도록 이끄는 능력이다.

- 행동은 눈으로 볼 수 있는 활동이다. 다른 사람의 행동에 영향력을 행사하고자 할 때 그로 하여금 다음의 두 가지 질문이 제기될 수 있다.

  1. 그럴 만한 가치가 있는 일인가?
  2. 과연 내가 할 수 있는 일인가?

- 연습은 기술이나 능숙함을 획득할 목적으로 공연이나 훈련을 체계적으로 반복 실시하는 것이다. 연습의 적용은 흔히 스포츠, 음악, 취미 활동 등에서 찾아볼 수 있다. 그런데 사실 전략적 사고와 같은 지적 분야에서도 성공을 거두려면 연습이 반드시 필요하다.

- 다음은 연습의 세 가지 원칙이다.

  1. 먼저 목표를 정하라.
  2. 전체를 조각으로 나누어라.
  3. 해결책을 교정하라.

- 습관은 주기적으로 실시해 자신도 모르는 사이에 획득한 행동 패턴 이다.

- 습관은 다음의 요소로 구성되어 있다.

  1. 신호(단서)
  2. 루틴(행동)
  3. 보상(결과)

- 전략적 소통은 대화와 토론이라는 두 가지 유형의 교환으로 이루어져 있다.

- 대화는 사람들 간에 특정 문제에 대한 아이디어나 의견을 교환하는 것 이다.

- 토론은 대화를 통해 팀이 도출한 실행가능한 전략, 책임, 이행 쪽으로 업무 방향을 제시한다.

- 전략적 스토리란, 팀을 성공적으로 이끌기 위한 전략적 접근법과 현재 의 상황을 묘사하는 기술이다. 상황, 참가자, 도전 과제, 현안, 대안, 해 법, 실행, 주제 등은 효과적인 전략 스토리의 주 요소다.

ELEVATE

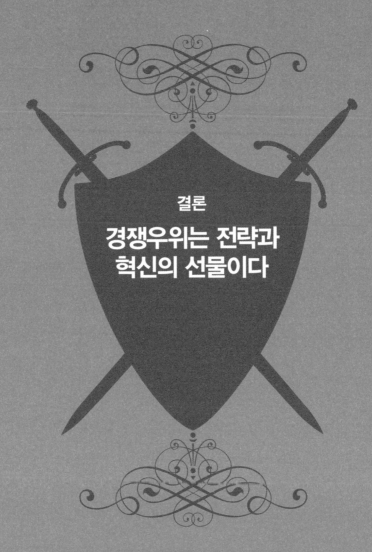

결론

경쟁우위는 전략과
혁신의 선물이다

탁월한 전략적 사고의 세 가지 원칙(결합, 경쟁, 챔피언)을 숙달하려면
고차원적인 업무 능력이 필요하다. 전략적 비게는 리더들에게
비즈니스의 근본 요소들을 구축하고 조정하고
소통하는 데 필요한 한 페이지짜리 스킬을 제공한다.

핵심 원칙에 통달한 사람은 소수에 불과하다
공중으로 날아오르는 능력도 이와 마찬가지다

▪▪ 전략의 변경 시점은 언제인가

:: 헬리콥터 조종사가 순조로운 비행을 위해 예정된 항로를 계속 모니터링하는 것처럼 전략 변화가 필요한 시점을 정하기 위해 전략적 방향을 지속적으로 모니터링해야 한다. 1,053개 기업을 연구한 결과, 전략상 실책이 발생한 경우의 81%는 형편없는 성과의 근본적인 원인이 된다고 한다. 이는 주주가치 상실의 1차 원인이기도 하다.[1] 연구자들은 다음과 같은 결론을 내렸다. "약 50%의 경우, 주주가치의 상실은 서서히 나타난다. 수개월이 걸리기도 하고 기업이 변화된 전략적 환경을 파악하는 데 너무 많은 시간을 소모하거나 민감하지 못할 경우, 수 년이 걸리기도 한다."[2]

문제를 일으키는 전략적 행동이 매우 크게 보일 수도 있지만 때로는 무대책으로 시간만 흘려보내다가 종국에는 파멸에 이르기도 한다. 따라서 적시에 전략을 수정하는 능력은 문자 그대로 비즈니스의 성패를 좌우한다. 다음은 전략 평가를 심각하게 고려해야 할 시점을 정하는 데 유용한 다섯 가지 체크리스트다.

1. 목적이 달성되거나 변경된 경우

목적은 기업이 달성하려는 대상이고 전략은 그곳에 도달하는 방법이다. 목적지가 변경되면 그곳에 도달하는 길도 당연히 바뀌어야 한다. 새로운 목적이 설정되었다면 자원 배분의 변화도 필수적이다. 어떤 경우에는 시장, 경쟁 환경, 고객 요구 조건의 변화에 대응하기 위해 도중에 목적이 수정되기도 한다. 이러한 변화를 알아차렸을 때 전략적으로 적절히 반응하는 것은 무척 중요하다.

■ 질문 기업의 목적이 달성되었거나 변경되었는가?

2. 고객 니즈의 진화

비즈니스 전략의 최종 단계는 경쟁사보다 수익성이 더 높은 방법으로 고객의 니즈를 충족시키는 것이다. 그러나 폴라로이드 카메라, 백과사전, 무선호출기 시장이 상황을 잘 말해주는 것처럼 고객의 니즈는 빠르게 진화한다. 전략적 사고에 능숙한 리더는 새롭게 등장한 주요 고객의 니즈에 대한 새로운 통찰을 계속 생성해낸다. 그러한 기업은 진화하는 고객의 니즈를 최적으로 만족시키는 제품을 발빠르게 준비한다

■ 질문 고객의 니즈가 변화했는가?

3. 시장에서의 혁신

혁신이란, 고객을 위한 새로운 가치를 창출하는 것이다. 새로운 가치는 사실상 기술적인 것일 수 있으며 그것은 서비스, 경험, 마케팅, 프로세스 등 다양한 방법으로 생성된다. 그것은 세상이 깜짝 놀랄 만한 것일 수도 있고 극히 미미한 변화일 수도 있다. 중요한 것은 시장, 고객, 경쟁사에 대한 확실한 감각을 유지하는 것이다. 더불어 혁신이나 새로운 가치가 발현하는 시기와 그것이 누구에 의해 주도되는지 이해하고 있어야 한다. 그러한 상황이 확인되고 새로운 시장 혁신에 맞추어 조정이 필요한 경우, 자사의 목적과 전략은 재설정되어야 한다.

■ 질문 새로운 가치가 시장에 존재하는가?

4. 경쟁사들의 가치 인식 변화

오랫동안 패스트푸드는 단지 빨리 나오는 음식이었다. 버그, 타코스, 치킨, 피자 그리고 핫도그는 일반적인 가격이었다. 각 범주 내에서 경쟁하는 상품군 사이에는 차별화보다 유사성이 훨씬 더 많았다.

그러나 서브웨이가 가맹점을 통해 급성장기에 진입하면서 웰빙 패스트푸드를 마케팅하기 시작했다. 서브웨이는 '서브웨이 다이어트'라는 상품으로 체중을 감량한 사람들을 내세워 캠페인을 벌였다. 그러자 패스트푸드 업계는 서서히 변화하기 시작했다. 패스트푸드에서 균형 잡힌 영양은 기대하지도 않았던 사람들이 이제는 웰빙 음식과 마주하게 되었다. 서브웨이는 시장의 가치를 새로운 관점으로 바꾸어 놓았다. 사람들은 제품의 실제 가치를 기준으로 선택한다고 믿고 싶었겠지만 서브웨이의 사례를 통해 항상 그렇지만은 않다는 것을 알게 되었다. 마케팅 캠페인, 소셜 미디어, 유명인의 홍보를 통해 제품 인지도를 높이는 것은 기업 상태에 따라 강력한 무기가 되기도 하고 위협이 되기도 한다.

■ 질문 경쟁사들이 시장에서 가치의 관점을 바꾸었는가?

5. 기업 역량의 성장 또는 하락

당신의 판단으로 전략의 변경 여부를 결정해야 하는 경우, 이는 마지막 고려 사항이다. 지난 15년 간 세계 각지에서 전략 기획 세션을 진행하면서 저자는 경쟁사들과 관련된 해당 기업의 역량을 솔직히 평가하는 데 조직이 얼마나 도전적인지 관찰했다.

한 가지 지표는 SWOT 분석 실습을 하는 동안 15가지나 되는 종잡을 수 없는 목록들(조직의 강점, 약점, 기회, 위협)을 정리하는 것이었다. 그러나 경쟁과 관련된 기업 역량의 정확한 평가는 시작에 불과하다. 만약 기업의 역량이 상당히 성장했다면 이익이 증대되는 시기에 자본 투자를 위한 새로운 전략으로 시선을 돌려야 한다. 반대로 기업 역량이 하락했다면 경쟁사의 강점을 무력화하거나 시장에서 퇴출시켜버리는 새로운 전략이 시급하다.

▪▪ 비즈니스의 화재 상황을 예방하라

앞에서 언급한 다섯 가지 핵심 요인을 필수적으로 고려할 때, 시장에서 어떠한 변화가 일어나는지 알아내기 위해 전략을 재검토해야 한다. 이 경우, 화재 상황(긴급 상황 발생)은 일반적으로 전략을 변경해야 하는 이유가 아니라는 사실을 명심하라. 그러나 너무 열정적인 나머지 헬멧도 쓰지 않은 채 호스를 들고 다급히 진화를 시도하는 관리자들이 있다. 안타깝게도 이러한 관리자들은 급하기는 하지만 중요하지 않은 업무로 하루를 다 보낸다.

이런 소방관(급한 불 끄기) 사고방식의 문제점은 비즈니스의 출혈을 감수해야 하는 기회비용에 있다. 긴급하지만 중요하지 않은 화재를 진화하는 데 소모되는 시간, 재능 그리고 예산이 바로 전략의 성공적인 실행을 위해 어딘가에 적절히 투입되어야 하는 자원인 것이다.

197개 글로벌 기업을 대상으로 전략의 성과 부진 원인을 연구한 결과, 가장 큰 요인은 "적절한 자원을 적재적소에 투입하는 데 실패한 것"[3]이었다. 화재 진압과 같은 일에 매주 몇 시간씩 소모하는 것이 어리석어 보이겠지만 엄연히 현실에서 벌어지고 있다. 1주일에 몇 시간 뿐이라고 생각할지 모르지만 조직의 수많은 관리자들을 모두 고려했을 때, 1년에 수천 시간을 허비한다고 생각해보라. 정말 놀랍지 않은가.

1년에 최소 두 번은 경영팀과 함께 비즈니스 화재 예방 훈련을 수행할 것을 권한다. 화재 예방 훈련은 발화물들에 대한 조치를 취함으로써 일부 화재 예방에 도움이 되도록 고안되었다. 첫 번째 단계는 화재 자체를 확인하는 것이다. 즉, 계획에도 없고 중요하지도 않지만 자원 투입이 긴요한 활동을 확인한다. 두 번째 단계는 화재 원인을 밝히기 위해 해당 화제와 관련된 모든 사람들과 전략적으로 소통하는 것이다. 마지막 세 번째 단계는 그 화재가 자원을 소모하지 못하도록 하는 것이다. 화재를 다루는 세 가지 유용한 지침은 다음과 같다.

1. **통제하라** 화재를 통제하기 위해 화재가 처음 발생한 시점에(단지 처음에만) 자원을 긴급히 투입하라. 추가적인 분석을 하기 전에 곧바로 실행해야 한다.
2. **위임하라** 해당 사안에 대한 책임 소재가 있는 팀이나 개인에게 자원 투입 요건을 비롯한 권한을 위임한다.
3. **예방하라** 근본적인 원인을 밝혀내고 제거한다.

탁월한 전략이 미래를 창조한다

내부 화재의 예는 다음과 같다.

- 임원들이 요구하는 목록이나 보고서의 경우, 시간과 노동력, 에너지를 들여 작성해야 함에도 그것이 금방 만들어지는 것으로 생각한다.
- 시류에 편승하기 위해 전략적 기획과 직접적인 관련이 없는 업무를 착수한다.
- 직접적인 비즈니스 가치가 없는 회의 참석을 요구한다.

외부 화재의 예는 다음과 같다.

- 시간이 꽤 걸리는 업무를 어떤 고객이 신속히 처리해줄 것을 지속적으로 요구한다.
- 자사의 비즈니스 획득 기준에 맞지 않는 제안을 요청한다.
- 외부 업체 담당자들이 비즈니스 근거를 충분히 제공하지 않은 상태에서 파트너십이나 제휴를 논의하기 위해 전화 회의나 미팅을 청한다.

결론 _ 경쟁우위는 전략과 혁신의 선물이다

표 5.1 화재 예방

화재	원인	행동(통제, 위임, 예방)

'표 5.1'에 제시된 템플릿은 당신의 화재 예방 노력을 추적하는 데 필요한 활동 패턴을 판독하도록 도와준다.

■■ 전술 평가 매트릭스를 활용하라

전술은 결과를 도출하는 방식에 크게 기여하지 않으면서 잠재적으로 대량 자원을 소모할 수 있는 또 다른 요인이다. 전술은 목적과 목표를 달성하는 방법 뒤에 숨은 가시적인 조치다. 또한 그것은 목적을 달성하기 위해 전략적 접근을 수행하는 데 시간과 자본을 투입하는 구체적인 항목들이다. 영업 브로슈어, 트레이닝 바인더, 아이패드, 앱, 교육 프로그램 등이 전술에 해당한다.

일부 관리자들은 전술이 많으면 많을수록 좋다고 생각하여 그들의 계획을 가능한 모든 전술로 채운다. 이 경우, 목적 달성이 어려워도 전술이 부족해 그랬다는 책임은 면할 수 있다. 그러나 전술은 내부적으로 정치적 보호를 받기 때문에 잘못된 목록의 전술적 접근법은 조직의 자원을 효과적이고 효율적으로 사용하는 데 별 도움이 안 된다. 애플의 CEO인 팀 쿡(Tim Cook)은 "우리는 하지 말아야 할 어리석은 일들에 대해 논쟁하고 토론한다. 단지 극소수인 위대한 일을 해야 한다는 사실을 알기 때문이다. 그것은 정말 탁월하고 신나는 일들을 별로 실행하지 않는다는 의미다. 이는 바로 기본 원칙 중 하나다. 우리는 극소수의 일만 할 것이다."[4]라고 말했다.

만약 전략을 실현하는 데 동원된 전술이 비효과적이고 차별화되지 않았거나 싱당히 감정에 휘둘린다면 매우 훌륭한 전략조차 제대로 힘을 발휘할 수 없다. 따라서 리더로서 관리자들에게 모든 전술이 동등하지 않다는 것을 이해시켜야 한다. 그리고 관리자라면 제품과 서비스에 대한 전략을 명확히 설명할 수 있어야 한다. 또한 그들은 전술을 펴는 데 투입되는 각 자원들이 고객에게 어떤 가치를 제공하는지 또는 자원이 어떻게 허비되는지 알아야 한다. 일상적인 전술의 이행이 당신의 업무가 아니라면 담당 직원에게 가치를 만들어내는 전술을 창조하는 데만 자원을 효과적으로 배분하도록 교육해야 한다. 전술을 무효화할 때도 마찬가지다.

전술 평가 매트릭스는 두 가지 항목(고객 효용과 경쟁사와의 차별화)에서 비즈니스 전술을 이해하는 데 사용할 수 있는 도구다. 고객의 효용은 다음 두 가지 요인에 의해 결정된다.

1. 전술의 범위는 제품을 선택하고 사용하는 외부 고객에게 영향을 미치는 내부 고객(직원)에 의해 수용되고 활용됨으로써 정해진다.
2. 주요 외부 고객들은 전술이 인정받을 때 그것을 적용한다.

전술 평가 매트릭스의 두 번째 기준은 경쟁사와의 차별화다. 다시 말해, 외부 고객이 경쟁사의 전술이 제공한 것에 비해 자사의 전술로 얻는 가치가 더 크다는 긍정적인 차이점을 인식하고 있는지 따져보아야 한다.

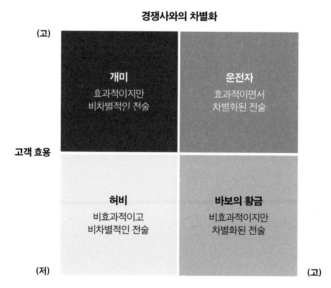

그림 5.1 전술 평가 매트릭스

탁월한 전략이 미래를 창조한다

'그림 5.1'은 전술 평가 매트릭스의 예다. 이 도구를 사용하기 위해서는 먼저 최근 시간과 노력을 투자하고 있는 모든 전술의 목록을 만든다. 그리고 고객의 효용(저, 고)과 경쟁사와의 차별화 수준(저, 고)에 따라 매트릭스 안에 전술들을 표시한다.

- **개미**(antes) 효과적이지만 비차별적인 전술
- **운전자**(drivers) 효과적이면서 차별화된 전술
- **허비**(waste) 비효과적이고 비차별적인 전술
- **바보의 황금**(fool's gold) 비효과적이지만 차별화된 전술

▪▪ 전략의 진행 상황을 확인하라

미 육군에서 소개한 AAR(After-Action Review: 행동 후 평가)은 계획으로부터 지속적인 학습을 위한 프로세스를 창출하는 것이다. 1981년 국가훈련센터(National Training Center)에서 개발한 AAR은 적에 대항하기 위해 육군에서 원래 사용하던 형식이었는데 훗날 대부분의 군에서 확대 사용되었다.[5] AAR에는 네 가지 실행 계획에서 얻은 지식과 통찰을 기르기 위한 점검 사항이 있다.[6]

1. 의도하는 결과는 무엇인가?

2. 실제 나타난 결과는 무엇인가?

3. 이러한 결과를 초래한 원인은 무엇인가?

4. 일을 지속하거나 개선하려면 무엇을 해야 하는가?

이러한 개념을 참고하여 군대가 아닌 조직에서도 전략적인 노력을 증진하는 데 사용할 수 있다. 또한 새로운 전략 계획을 실무에 적용하기 전에 팀장이 BSLR(Before Strategy Launch Review: 사전 전략 착수 검토)을 시행하게 한다. BSLR은 다음 세 가지 질문에 관련된 전략적 소통을 촉진하게 한다.

1. 이 계획의 목적은 무엇인가?

2. 이 목적을 달성하는 데 사용된 전략적 접근은 무엇인가?

3. 계획의 성공적 이행을 위한 핵심 도전 과제는 무엇이며
   그것을 어떻게 표현할 것인가?

전략 계획이 완성, 수정, 중단되면 ASLR(After Strategy Launch Review: 사후 전략 착수 검토)을 시행하도록 한다. 이는 다음 세 가지 질문에 답하는 것이다.

1. 무엇이 발생했는가?
2. 어떻게, 왜 발생했는가?
3. 이로부터 무엇을 배웠는가?

리더는 이러한 질문에 대해 그룹의 중지를 모으고 전략 착수 계획의 결과를 요약해야 한다. 이 요약에는 긍정적인 측면(좋은 결과와 잘한 일)과 부정적인 측면(개선이 필요한 부분)이 모두 포함되어야 한다. 각 ASLR의 결과는 분기별로 함께 검토하여 필요하다면 전체적인 전략 계획 프로세스의 개선 권고안을 만들어야 한다. 무엇이 잘되고 있는가? 무엇이 잘 안되고 있는가? 어떠한 경향이나 유형이 있는가? 담당자들이 이러한 프로세스를 실행하기 위해 관련 교육을 받았는가? ASLR은 전략 계획의 이행 활동을 개선하는 기회를 제공할 뿐만 아니라 관리자로 하여금 전략 계획 개발이 가능하도록 사고력을 지속적으로 향상시켜 준다.

■: 전략의 비계(Scaffold)로 중심을 잡아라

이집트의 피라미드, 미켈란젤로의 시스티나 성당 천장 벽화와 같이 인간이 만든 수많은 걸작들은 비계(飛階)를 사용함으로써 가능했다. 비계(가설문)는 더 높은 곳에서 일할 수 있도록 사람을 이동시켜주는 임시 구조물이다. 새로 짓거나 개조하는 수많은 구조물의 매우 높은 곳에서 일하도록 도와주는 비계 지원 관련자들을 볼 수 있다. 비계는 그 범위가 집을 짓는 데 사용하는 것과 같이 소규모부터 자유의 여신상 수리와 같이 매우 중요한 대규모 프로젝트 지원에 이르기까지 다양하다.

탁월한 전략적 사고의 세 가지 원칙(결합, 경쟁, 챔피언)에 숙달하려면 고차원의 업무 능력이 필요하다. 전략적 비계는 리더들에게 비즈니스의 근본 요소들을 구축, 조정, 소통하는 데 필요한 한 페이지짜리 스킬을 제공한다. 비즈니스의 핵심을 명확하고 간결하게 전달하는 것은 리더들의 전략 스킬에서 결정적인 부분이다.

1,000개의 글로벌 기업 연구에 따르면, 이러한 중요성을 확인할 수 있다. "CEO, COO 그리고 CFO에게 공통적으로 필요한 핵심 역량은 비즈니스에 대한 정확하고 효과적인 개요를 개발하는 것이다." [7] 전략 비계는 비즈니스 리더들에게 비즈니스의 핵심 요소들이 어떻게 연결되고 각 부서들 간에 어떻게 지원하는지 알 수 있도록 프레임워크를 제공한다. 또한 사전에 간과하면 결국 붕괴로 이어질 수도 있는 비즈니스의 기초에 대한 틈새를 밝혀 준다. 전략 비계는 크게 다음 세 가지 요소로 구성된다.

1. 궁극적인 목적

다음 항목들에서 제시된 비즈니스의 의도를 말한다.

탁월한 전략이 미래를 창조한다

> - **미션** 현재의 목적을 말한다. 조직의 존재 이유를 명확하고 간결하게 영속적으로 기술한다.
> - **비전** 미래의 목적을 말한다. 조직이 지향하고 열망하는 정신적인 심상을 제공한다.
> - **가치** 목적을 안내한다. 조직의 사고와 행동에 영향을 미치는 아이디어와 원칙을 말한다. 특성으로 표현한다.

2. 비즈니스 모델

조직이 가치를 어떻게 창출, 전달, 확보하는지에 대한 구조적인 설명이다.

> **창출**
> - **핵심 역량** 주 전문 분야(알고 있는 것)
> - **능력** 핵심 자원을 이용한 활동(실행하는 것)
> - **가치 제안** 제품 구매 이유(고객, 니즈/과제, 방법, 혜택)
>
> **전달**
> - **가치 사슬** 가치를 제공하기 위한 능력 배치(어떻게 할 것인가?)

■ **유통망** 고객이 제품과 만나는 지점(제품을 어디서 판매할 것인가?)

확보

■ **가격대** 고객이 대체품과 비교해 자사 제품에 지불하는 금액(저가, 중간, 프리미엄)

3. 계획

비즈니스의 전략적 방향을 말한다.

■ **목적** 성취하고자 하는 것은 무엇인가? (일반적)
■ **목표** 성취하고자 하는 것은 무엇인가? (세부적)
■ **전략** 목적과 목표를 어떻게 성취할 것인가? (일반적)
■ **전술** 목적과 목표를 어떻게 성취할 것인가? (세부적)

탁월한 전략이 미래를 창조한다

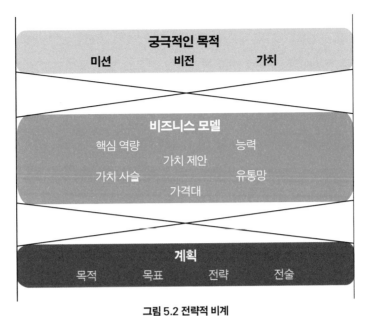

그림 5.2 전략적 비계

＊전략적 비계의 프레임워크를 보여준다.

▪▪ 나는 전략적으로 생각하고 있는가

젠가(Pick-up sticks)는 많은 사람들이 어린 시절 하던 놀이다. 약 15cm의 막대 뭉치가 테이블 위에 놓인다. 그것들이 차근차근 쌓여 정렬되면 게임이 시작된다. 게임 참가자들은 막대탑에서 막대 하나를 끄집어낸다. 이때 나머지 막대들을 건드려 움직이거나 탑이 무너지면 안 된다. 막대들을 움직이거나 탑이 무너지면 패하고 만다.

불행히도 많은 조직들의 전략 개발은 젠가 게임과 비슷하다. 매일 회오리처럼 정신없이 발생하는 업무 속에서 헤어나오기란 쉽지 않다. 관리자는 좋은 평가를 받기 위해 연례행사로 함께 만나 무작

결론 _ 경쟁우위는 선택과 혁신의 선물이다

위 질문과 SWOT 분석으로 구성된 전략 기획 세션을 진행한다. 실제적 적용이나 절차에 대한 합리적인 이유도 없이 용어와 템플릿이 뒤죽박죽된 것이 마치 젠가의 막대탑들이 마구잡이로 쌓인 것 같다. 참가자들은 좌절감을 느끼며 이 세션을 마친다. 비즈니스에서 진정한 변화를 가져오지 못하는 비생산적인 방법이나 떠올리는 형편없는 사고(생각)를 했다는 자괴감과 욕구 불만이 차오른다.

이 책의 전체 내용을 통해 본 것처럼 저자는 기업의 비즈니스 목적을 달성하도록 도와주는 개념과 도구로 구성된 일관적이고 체계적인 프레임워크를 제공했다. 이것으로 독자들이 높은 수준의 전략적 사고에 도달하도록 이끌고자 했다. 탁월한 전략적 사고의 세 가지 원칙은 간결하면서도 비즈니스 전략 방향 설정에서 리더의 사고 수준을 강력히 끌어올리는 포괄적인 방법이다. 이는 다음과 같다.

1. 결합 혁신적인 비즈니스 모델을 위해 다양한 통찰을 결합한다.
2. 경쟁 경쟁우위의 달성을 위해 전략 시스템을 고안한다.
3. 챔피언 전략 이행을 위해 다른 이들이 전략적으로 생각하고 실행하도록 이끈다.

이러한 원칙을 정복하는 데는 시간이 걸린다. 비즈니스 모델의 개조, 가치 제안의 재검토, 가치 사슬의 향상, 혁신을 위한 시장 탐색, 경쟁우위의 활용, 사람들이 동참하도록 이끄는 설득, 새로운 습관 형성, 전략적 소통의 주제, 전략 비계의 고안 등 모든 것들은 엄청난 시간과 에너지, 헌신이 필요하다. 이는 결코 쉽지 않으며 위험 감수 없이는 절대로 성취될 수 없다. 일부 잠재 고객에게는 거절을 해야 하고 모든 내부적 요청이 당신의 검토를 기다리고 있다. 전략에 부합하지 않아 유망한 기회를 포기하는 것은 당신을 위험에 빠뜨릴 것이다. 이러한 트레이드오프를 고안하는 지적 기량과 탁월한 통찰력을 발휘하는지 여부는 진정한 전략적 리더를 판가름한다.

당신의 종반전은 무엇인가? 언제 직장 생활이 끝나는가? 그때 당신은 어디에 있을 것인가? 당신의 비즈니스는 어떤 모습인가? 동료나 직원, 고객들은 당신을 어떻게 볼 것인가? 가장 중요한 사안으로 당신의 비즈니스 운영 방법은 어떠한가? 일반적인 생각과는 달리 이것들은 결코 사소한 문제가 아니다. *그것은* **팀과 비즈니스 그리고 인생의 궤도를 결정할 중요한 사안이다. 그것은 통찰력을 당신이 추구하는 경쟁우위와 결합하는 것이다.** 더불어 실전에서 더 높이 올라가 다른 이들은 볼 수 없는 상황을 꿰뚫는 것이다. 더 높이 올라가기를 간절히 원한다면 그럴 수 있다.

아이들이 공중에 동전을 던져 땅에 떨어질 때의 모습을 보고 노는 것을 본 적이 있을 것이다. 마찬가지로 단풍나무 씨앗은 헬리콥터가 착륙할 때의 원리와 같은 자동회전 원리로 바닥에 떨어신다. 사실 단일 엔진의 헬리콥터는 이러한 자동회전 원리를 염두에 두고 설계되어 엔진이 고장난 경우에도 안전하게 착륙할 수 있다. 단풍나무 씨앗을 통해 본 헬리콥터 비행 원리에 대한 실례는 어떻게 다수한 것에서 복잡한 것을 만들어낼 수 있는지 잘 보여주고 있다.

미래의 헬리콥터 개발에 영감을 준 항공기 프로펠러를 디자인한 레오나르도 다 빈치는 "단순함이 궁극적인 정교함이다."라고 말했다. 위대한 전략은 단순하다. 아마도 수스(Dr. Seuss) 박사의 책만큼 명쾌할 수도 있다. 만약 수스 박사가 전략가였다면 전략에 대해 다음과 같은 글을 썼을 것으로 생각된다.

나는 진정한 전략가

나는 전략적이랍니다. 전략적인 나!
당신은 전략적으로 생각하고 싶나요?
나는 전략적으로 생각하고 싶지 않아요.
사무실에서도 나무에서도.
전술적으로 생각하면 더 재미있지요.
만질 수도 있고 볼 수도 있기에.
나는 매우 한가로울 시간이 없어요.
좋은 계획을 만들고 다른 곳으로 가야 하니까요.
이메일을 확인해야 해요. 침대에서나 이불 밑에서도.
아니요, 나는 전략적으로 생각하고 싶지 않아요.
아드레날린이 넘쳐 생각 없이 반응하는 게 좋아요.
당신도 전략적으로 생각하고 싶지 않지요?

탁월한 전략이 미래를 창조한다

당신은 이렇게 말하죠. 시도하고 또 시도하면 할 수 있어.

여보세요! 나는 전략적으로 생각하고 싶어요.
내 주위의 모든 사람이 급한 불을 끄고 있을 때
나는 자원에 초점을 맞추고 성과를 더 높이 끌어올리죠.
아무 일도 없이 단지 생각만 하는 시간을 만들겠어요.
이제 나의 목적과 전략은 완벽한 조화를 이루지요.
감사하고 또 감사해요.

나는 진정한 전략가!

결론 _ 경쟁우위는 전략과 혁신의 선물이다

1,000피트 관점 요약

- 전략의 검토가 필요한 다섯 가지 중요한 신호

  1. 목적이 달성되거나 변경된 경우
  2. 고객 니즈의 진화
  3. 시장에서의 혁신
  4. 경쟁사들의 가치 인식 변화
  5. 기업 역량의 성장 또는 하락

- 재발하는 화재를 다루는 세 가지 유용한 방법

  1. 통제
  2. 위임
  3. 예방

- 전술 평가 매트릭스는 두 가지 항목에서 비즈니스 전술을 이해하는 데 사용할 수 있는 도구다. 그 두 가지 항목은 고객의 효용과 경쟁사와의 차별화다.

- BSLR(사전 전략 착수 검토)은 다음 세 가지 질문을 던진다.

  1. 이 계획의 목적은 무엇인가?
  2. 이 목적을 달성하는 데 사용된 전략적 접근은 무엇인가?
  3. 계획의 성공적 이행을 위한 핵심 도전 과제는 무엇이고 그것을 어떻게 표현할 것인가?

- 전략 계획이 완성, 수정, 중단되면 ASLR을 시행하도록 한다. 이는 다음 세 가지 질문에 답하는 것이다.

탁월한 전략이 미래를 창조한다

1. 무엇이 발생했는가?
2. 어떻게, 왜 발생했는가?
3. 이로부터 무엇을 배웠는가?

- 전략의 비계는 리더들에게 비즈니스의 핵심 요소들(목적, 비즈니스 모델, 계획)을 구축, 조정, 소통하는 데 필요한 한 페이지짜리 스킬을 제공한다.

서론
새로운 프레임을 열다

1. *Merriam-Webster's Dictionary*, "elevate," 메리엄-웹스터 온라인, 2013 년 11월 23일.

2. 크리스 주크와 제임스 앨런, *Repeatability* (Boston: Harvard Business Review Press, 2012).

3. 제임스 칠리스, *The God Machine* (New York: Bantam Books, 2007).

4. 아담 하르통, *Create Marketplace Disruption* (Upper Saddle River, NJ: FT Press, 2009).

5. 매튜 올슨, 데릭 반 베버, 세스 베리, "*When Growth Stalls*," Harvard Business Review, 2008년 3월.

6. Ibid.

7. 사라 팁켄, "*Sprint Loses More Customers*," Wall Street Journal, 2011년 7월 29일.

8. MSNBC.com Staff, "*Final Chapter, Borders to Close Remaining Stores*," NBCnews.com, 2011년 7월 18일.

9. 램 차란, "*Why Companies Fail*," Fortune, 2002년 5월 27일.

탁월한 전략이 미래를 창조한다

10. 애니타 맥관과 마이클 포터, "*The Emergence and Sustainability of Abnormal Profits*," Strategic Organization 1, 2003년.

11. 폴 캐롤과 춘카 무이, "*Seven Ways to Fail Big*," Harvard Business Review, 2008년 10월.

12. 마이클 토티, "*The View from the CIO's Office*," Wall Street Journal, 2011년 4월 25일.

13. 버나드 워츠, "*Strategy in High-Velocity Environments*," Long Range Planning 40, 2007년.

14. 에드워드 보우맨, "*Does Corporate Strategy Matter?*" Strategic Management Journal 22, 2001년.

15. 마이클 버스한, "*Creating More Value with Corporate Strategy*," McKinsey Global Survey Results, 2010년 12월.

16. 로저 마틴, "*The Execution Trap*," Harvard Business Review Press, 2010년 7월-8월.

17. 로버트 카플란과 데이비드 노턴, "*The Office of Strategy Management*," Harvard Business Review, 2005년 9월.

18. 스테판 코베이, *The 8th Habit* (New York: Free Press, 2004).

19. 앨런 도이치먼, *Change or Die* (New York: Regan, 2007).

20. 알렉산드라 울프, "*Weekend Confidential: Howard Schultz*," Wall Street Journal Magazine, 2013년 10월 28-29일.

21. 리처드 루멜트, "*The Perils of Bad Strategy*," McKinsey Quarterly 1, 2011년.

22. 밥 개럿, *Developing Strategic Thought: Rediscovering the Art of Direction-Giving* (London: McGraw-Hill, 1995).

23. 리치 호워드, *Deep Dive: The Proven Method of Building Strategy, Focusing Your Resources and Taking Smart Action* (Austin: Greenleaf Book Group

Press, 2009).

24. 리처드 로젠, "*CEO's Misperceive Top Team's Performance*," Harvard Business Review, 2007년 10월.

25. A. G. 래플리와 로저 마틴, *Playing to Win (승리의 경영전략)*, (Boston: Harvard Business Review Press, 2013).

26. 돈리 타운센드, "*Engaging the Board of Directors on Strategy*," Strategy Leadership 35, no 5, 2007.

27. 슘페터, "*Too Much Buzz*," The Economist, 2011년 12월 31일.

28. 크리스 브래들리, "*Have You Tested Your Strategy Lately?*" McKinsey Quarterly, 2011년 1월.

29. 손자, 제임스 클라벨., ed., *The Art of War* (New York: Delacorte Press, 1983).

30. 스콧 마틴, "*LinkedIn goes wide with media content*," USA Today, 2013년 10월 26일.

31. 니나 크루슈비츠와 크누트 하네스, "*First Look: Highlights from the Third Annual Sustainability Global Executive Survey*," MIT Sloan Management Review, 2011년 가을.

32. 마이클 레이너와 뭄타즈 아메드, "*Three Rules for Making a Company Truly Great*," Harvard Business Review Press, 2013년 4월.

33. 에디 이그나티우스, "*We Had to Own the Mistakes*," Harvard Business Review, 2010년 7-8월.

34. 베리 야루젤스키, "*The Global Innovation 1,000: Making Ideas Work*," strategy+business, 69, 2012년 겨울.

35. 인그리드 본, "*Developing Strategic Thinking as a Core Competency*," Management Decision 39, 2001년.

36. J. P. 도론, "*Best Companies for Leaders*," Chief Executive Magazine,

탁월한 전략이 미래를 창조한다

2009년 1, 2월.

37. 알리나 디지크, *"Are They Worth It?"* Wall Street Journal, 2008년 10월 30일.

38. 마이클 버스한과 자얀티 카, *"Becoming More Strategic: Three Tips for Any Executive,"* McKinsey Quarterly, 2012년 7월.

39. 패트리시아 셀러스, *"The Queen of Pop,"* Fortune, 2009년 10월 28일.

40. 캐시 추, *"Yum Brands CEO takes global view on fast food,"* USA Today, 2012년 2월 27일.

41. 제니퍼 펠릿, *"Study Says CEOs Disappoint as Board Members, But Numbers Tell a Different Story,"* Chief Executive Magazine, 2011년 11-12월.

42. 보리스 그로이스버그, *"The New Path to the C-Suite,"* Harvard Business Review Press, 2011년 3월.

제1장
통찰을 결합하라

1. 제임스 칠리스, *The God Machine* (New York: Bantam Books, 2007).

2. Merriam-Webster's Dictionary, *"Pattern,"* 메리엄-웹스터 온라인, 2013년 11월 23일.

3. 케네스 앤드루스, *The Concept of Corporate Strategy* (Homewood, IL: Irwin, 1971).

4. Ibid.

5. 도널드 술, *"How to Thrive in Turbulent Markets,"* Harvard Business Review, 2009년 2월.

6. 스테판 홀, "*How to Put Your Money Where Your Strategy Is*," McKinsey Quarterly, 2012년 3월.

7. Ibid.

8. 리타 맥그래스, "*Transient Advantage*," Harvard Business Review, 2013년 6월.

9. 안드레아스 크램비스, "*Breaking Strategic Inertia*," McKinsey Quarterly, 2012년 4월.

10. 프리초프 카프라, *The Web of Life: A New Scientific Understanding of Living Systems* (New York: Anchor Books, 1997).

11. 도넬라 메도우스, *Thinking in Systems* (White River Junction, VT: Chelsea Green Publishing, 2008).

12. 데이비드 카플란, "*Chipotle's Growth Machine*," Fortune, 2011년 10월 26일.

13. 마틴 리브스와 마이크 딤러, "*Adaptability: The New Competitive Advantage*," Harvard Business Review Press, 2011년 7-8월.

14. 마이클 포터, "*What is Strategy?*" Harvard Business Review, 1996년 11-12월.

15. 피터 뉴콤, "*Reid Hoffman*," Wall Street Journal Magazine, 2011년 7/8월.

16. 김위찬과 르네 마보안, *Blue Ocean Strategy* (Boston: Harvard Business School Press, 2005).

17. 에디 윤과 린다 디켄, "*Why It Pays to Be a Category Creator*," Harvard Business Review Press, 2013년 3월.

18. 롭 노턴, "*The Thought Leader Interview: Henry Chesbrough*," strategy+business, 63, 2011년 여름.

19. 마이클 쿠수마노, *Staying Power* (New York: Oxford University Press,

2010).

20. 알렉산더 오스터발더와 이브 피그누어, *Business Model Generation* (Hoboken, NJ: John Wiley&Sons, 2010).

21. 제냐 린드가르트, *"Business Model Innovation,"* Boston Consulting Group, 2009년 12월.

22. 제프 콜빈, *"Your Business Model Doesn't Work Anymore,"* Fortune, 2013 년 2월 25일.

23. C. K. 프라할라드와 게리 하멜, *"The Core Competence of the Corporation,"* Harvard Business Review Press, 1990년 5-6월.

24. 로버트 카플란과 데이비드 노턴, *"Having Trouble with Your Strategy? Then Map It,"* Harvard Business Review Press, 2000년 9-10월.

25. 마크 존슨, 클레이튼 크리스텐슨과 헤닝 카거만, *"Reinventing Your Business Model,"* Harvard Business Review Press, 2008년 12월.

26. 애덤 라신스키, *"Jeff Bezos: The Ultimate Disrupter,"* Fortune, 2012년 12 월 3일.

27. 오마에 겐이치, *"Getting Back to Strategy,"* Harvard Business Review, 1988년 11-12월.

28. 테오도르 레빗, *"Marketing Success Through Differentiation,"* Harvard Business Review, 1980년 1-2월.

29. 제임스 다이슨, *Against the Odds* (New York: Texere, New York, 2003).

30. 토드 젱거, *"What is the Theory of Your Firm?"* Harvard Business Review, 2013년 6월.

31. 마이클 포터, *Competitive Advantage* (New York: The Free Press, 1985).

32. 알렉산더 오스터발더와 이브 피그누어, *Business Model Generation* (Hoboken, NJ: John Wiley&Sons, 2010).

33. 리처드 루멜트, *"How Much Does Industry Matter?"* Strategic Management Journal 12, 1991년 3월.

34. 폴 루빈, *"A Tutorial for the President on 'Profit Maximization',"* Wall Street Journal Magazine, 2012년 5월 24일.

35. 제이미 보노모와 앤디 파스테르나크, *"Unlocking Profitability in the Complex Company,"* Mercer Management Journal 18, 2004.

36. 마이클 레이너와 뭄타즈 아메드, *"Up in the Air,"* The Conference Board Review, 2013년 봄.

37. 제프리 맥크래큰, *"At Ford, the 'Outsider' is Optimistic,"* Wall Street Journal, 2007년 7월 23일.

38. 앨런 웹, *"Starbuck's Quest for Healthy Growth: An Interview with Howard Schultz,"* McKinsey Quarterly, 2011.

39. 매튜 올슨, 데릭 반 베버, 세스 베리, *"When Growth Stalls,"* Harvard Business Review, 2008년 3월.

40. 데이비드 헨리, *"Mergers: Why Most Big Deals Don't Pay Off,"* Business-Week, 2002년 10월 14일.

41. 메흐르다드 바가이, 스티븐 콜리, 데이비드 화이트, *The Alchemy of Growth* (London: Basic Books, 1999).

42. 요나 레러, *"How to Be Creative,"* Wall Street Journal, 2012년 3월 10-11일.

43. 마이클 수, *"James Dyson"*, Wall Street Journal, 2013년 2월 9-10일.

44. 제임스 다이슨, *Against the Odds* (New York: Texere, 2003).

45. 제프리 무어, *Dealing with Darwin* (New York: Portfolio, 2005).

46. 니틴 노리아와 앤서니 마요, *"Zeitgeist Leadership,"* Harvard Business Review Press, 2015년 10월.

47. 무어, *Dealing with Darwin*.

48. 마이클 트레이시와 프레드 위어스마, *The Discipline of Market Leaders* (New York: Perseus, 1995).

49. 클레이튼 크리스텐슨, *The Innovator's Dilemma* (Boston: Harvard Business School Press, 1997).

제2장
백전백승의 전략을 찾아라

1. 로나 고펜, *Renaissance Rivals: Michelangelo, Leonardo, Raphael, Titian* (New Haven, CT: Yale University Press, 2004).

2. Merriam-Webster's Dictionary, "*compete*," 메리엄-웹스터 온라인, 2013년 11월 23일.

3. 포 브론슨과 애슐리 메리먼, "*Top Dog: The Science of Winning and Losing*" (New York: Twelve, 2013).

4. Ibid.

5. 조나 버거, "*If You Want to Win, Tell Your Team It's Losing (a Little)*," Harvard Business Review Press, 2011년 10월.

6. Ibid.

7. 질 로젠펠드, "*The Art of Business*," Fast Company, 2011년 8월.

8. 대니얼 카너먼과 아모스 트베르스키, "*The Psychology of Preferences*," Scientific American, 160, 1982년.

9. 스티븐 홀, "*How to Put Your Money Where Your Strategy Is*," McKinsey Quarterly, 2012년 3월.

10. 도날드 술, *"How to Thrive in Turbulent Markets,"* Harvard Business Review, 2009년 2월.

11. 스티븐 홀, *"How to Put Your Money Where Your Strategy Is,"*

12. 애덤 블루스테인, *"The Rules: Do Less,"* Inc., 2013년 2월.

13. 마이클 레이너와 뭄타즈 아메드, *"Three Rules for Making a Company Truly Great,"* Harvard Business Review Press, 2013년 4월.

14. 크리스 주크와 제임스 앨런, *Repeatability* (Boston: Harvard Business Review Press, 2012).

15. 칼 그린필드, *"Let the Games Begin,"* BusinessWeek, 2013년 7월 18일.

16. *"2013 State of the Industry: Bottled water,"* Beverage Industry, 2013년 7월 10일.

17. 테오도르 레빗, *"Marketing Success through Differentiation-Of Anything,"* Harvard Business Review Press, 1980년 1–2월.

18. 주크와 앨런, *Repeatability*.

19. 로버트 호프, *"How to Hit a Moving Target,"* BusinessWeek, 2006년 8월 20일.

20. 크리스 브래들리와 에릭 맷슨, *"Putting Strategies to the Test,"* McKinsey Quarterly, 2011년 1월.

21. 케빈 코인, *"Predicting Your Competitor's Reaction,"* Harvard Business Review, 2009년 4월.

22. *"Thoughts on Chess,"* Forbes, 2012년 2월 22일.

23. 마이클 포터, *Competitive Strategy* (New York: The Free Press, 1980).

24. 마이클 포터, *"The Five Competitive Forces that Shape Strategy,"* Harvard Business Review Press, 2008년 1월.

25. 마크 버건과 마거릿 피터라프, "*Competitor Identification and Competitor Analysis,*" Managerial and Decision Economics 23, 2002년 6-8월.

26. 앨런 도이치먼, *Change or Die* (New York: Regan, 2007).

27. 스티브 라발레, "*Analytics and the New Path to Value,*" MIT Sloan Management Review, 2011년 겨울.

제3장
영원한 승자가 챔피언이다

1. 프란키 베빈스와 아론 드 스멧, "*Making Time Management the Organization's Priority,*" McKinsey Quarterly 1, 2013년.

2. 줄리안 버킨쇼와 조단 코헨, "*Make Time for the Work That Matter,*" Harvard Business Review Press, 2013년 9월.

3. Issie Lapowsky, "*Get More Done,*" Inc., 2013년 4월.

4. 헨리 민츠버그와 피터 토드, "*The Offline Executive,*" strategy + business, 69, 2012년 겨울.

5. 하이케 브루흐와 수만트라 고샬, "*Beware the Busy Manager,*" Harvard Business Review Press, 2002년 2월.

6. "*The Multitasking Paradox,*" Harvard Business Review, 2013년 3월.

7. 데릭 딘과 캐롤라인 웹, "*Recovering from Information Overload,*" McKinscy Quarterly 1, 2011년.

8. 스튜어트 크라이너, "*Clocking In,*" Business Strategy Review 4, 2011년.

9. 베빈스와 드 스멧, "*Making Time Management the Organization's Priority.*"

10. 피터 버그맨, "*A Personal Approach to Organizational Time Management*," McKinsey Quarterly 1, 2013년.

11. 제프 와이너, "*The Importance of Scheduling Nothing*," LinkedIn, 2013년 4월 10일.

12. 베빈스와 드 스멧, "*Making Time Management the Organization's Priority.*"

13. 스튜어트 크라이너, "*Clocking In.*"

14. 제프 와이너, "*The Importance of Scheduling Nothing.*"

15. 존 번른, "*The 12 Greatest Entrepreneurs of Our Time*," Fortune, 2012년 4월 9일.

16. 크리스 주크와 제임스 앨런, *Repeatability* (Boston: Harvard Business Review Press, 2012).

17. 크리스 앤더슨, "EM", *Wired*, 2012년 11월.

18. 앨리슨 웰너, "*The Time Trap*," Inc., 2004년 6월.

19. 폴 헴프, "*Death by Information Overload*," Harvard Business Review, 2009년 9월.

20. 크리스 브라운, 앤드류 킬릭, 카렌 르노, "*To Reduce E-mail, Start at the Top*," Harvard Business Review, 2013년 9월.

21. Merriam-Webster's Dictionary, "*Influence*," 메리엄-웹스터 온라인, 2013년 11월 23일.

22. 댄 핑크, *To Sell Is Human* (New York: Riverhead Books, 2012).

23. 찰스 갈루닉, "*How to Help Employees 'Get' Strategy*," Harvard Business Review, 2012년 12월.

24. R. 티모시 브린, 폴 누네스, 월터 실, "*The Chief Strategy Officer*," Harvard Business Review, 2007년 10월.

25. 피오나 체르니아스카, *"Executing Strategy: Lessons from Private Equity,"* Strategy Magazine, 2007년 9월.

26. 엘렌 랑거, A. 블랭크, B. 샤노비츠, *"The Mindlessness of Ostensibly Thoughtful Action: The Role of 'Placeable' Information in Interpersonal Interaction,"* Journal of Personality and Social Psychology 36, 1978년.

27. 로버트 치알디니, *Influence: Science and Practice* (Boston: Allyn and Bacon, 2001).

28. 제니퍼 뮬러, 스문 멜와니, 잭 곤칼로, *"The Bias Against Creativity: Why People Desire but Reject Creative Ideas,"* Psychological Science 23, 2012년.

29. 댄 핑크, *To Sell Is Human*.

30. 브라이언 완싱크, *Mindless Eating: Why We Eat More than We Think* (New York: Bantam Books, 2006).

31. 조지 앤더스, *"Jeff Bezos Gets It,"* Forbes, 2012년 4월 23일.

32. 애덤 라신스키, *"Jeff Bezos: The Ultimate Disruptor,"* Fortune, 2012년 12월 3일.

33. 데이비드 마이어스, *"The Power and Perils of Intuition,"* Scientific American Mind, 2007년 6-7월.

34. 데이비드 더센베리, *Living at Micro Scale: The Unexpected Physics of Being Small* (Cambridge, MA: Massachusetts: Harvard University Press, 2009).

35. 케리 패터슨, 조셉 그레니, 데이비드 맥스필드, 론 맥밀란, 알 스위츨러, *Influencer: The Power to Change Anything* (New York, McGraw Hill, 2008).

36. 더그 레모브, *Teach Like a Champion* (San Francisco: Jossey-Bass, 2010).

37. 미하이 칙센트미하이, *Flow: The Psychology of Optimal Experience* (New

York, Harper and Row, 1990).

38. 리치 호워드, *Deep Dive: The Proven Method for Building Strategy, Focusing Your Resources and Taking Smart Action* (Austin: Greenleaf Book Group Press, 2009).

39. Merriam-Webster's Dictionary, "*Inspire.*"

40. 짐 로허와 토니 슈와르츠, *The Power of Full Engagement* (New York: Free Press, 2003).

41. 마이클 래프, "*Senior Managers Absent from the Training Table,*" T+D, 2007년 7월.

42. Merriam-Webster's Dictionary, "*Practice.*"

43. 로저 팔로프, "*On History's Stage: Chief Justice John Roberts Jr.,*" Fortune, 2011년 1월 17일.

44. Ibid.

45. 더그 레모브, 에리카 울웨이, 케이티 예츠, "*Practice Perfect: 42 Rules for Getting Better at Getting Better*" (San Francisco: Jossey-Bass, 2012).

46. Ibid.

47. 패터슨 외, *l.* "*Influencer: The Power to Change Anything.*"

48. 다니엘 코일, "*The Talent Code*" (New York, Bantam Books, 2009).

49. Ibid.

50. Ibid.

51. 로널드 타프와 론 갈리모어, "*Basketball's John Wooden: What a Coach Can Teach a Teacher,*" Psychology Today 9, 1976년.

52. 로널드 타프와 론 갈리모어, "*What a Coach Can Teach a Teacher, 1975-2004: Reflections and Reanalysis of John Wooden's Teaching Practices,*"

The Sport Psychologist 18, 2004년.

53. Merriam-Webster's Dictionary, "*habit*."

54. 앤 그레이비엘, "*The Basal Ganglia and Chunking of Action Repertoires*," Neurobiology of Learning and Memory 70, 1998년.

55. 찰스 두히그, *The Power of Habit* (New York: Random House, 2012).

56. 윌리엄 이삭, "*Dialogic Leadership*," The Systems Thinker, 1999년 2월.

57. 램 차란, "*Conquering a Culture of Indecision*," Harvard Business Review, 2001년 4월.

58. 도널드 술, "*Closing the Gap Between Strategy and Execution*," MIT Sloan Management Review, 2007년 여름.

59. 브루스 해럴드, "*Dynamic Capabilities at IBM*," California Management Review, 49, no 4, 2007년 여름.

60. 고든 쇼. 로버트 브라운, 필립 브로밀리, "*Strategic Stories: How 3M is Rewriting Business Planning*," Harvard Business Review, 1998년 5-6월.

61. 마이클 캐리거, "*Narrative vs. PowerPoint: For Leaders, It May Not be a Matter of Fact*," Strategy & Leadership 38, no 2, 2010년.

62. Ibid.

63. 애덤 라신스키, "*Jeff Bezos: The Ultimate Disruptor*," Fortune, 2012년 12월 3일.

64. 아일린 로슈, "*Words for the Wise*," Harvard Business Review, 2001년 1월.

결론
경쟁우위는 전략과 혁신의 선물이다

1. 크리스토퍼 댄, 매튜 르 머를, 크리스토퍼 펜카벨, *"The Lesson of Lost Value,"* strategy+business, 69, 2012년 겨울.

2. Ibid.

3. 마이클 맨킨스와 리차드 스틸, *"Turning Great Strategy into Great Performance,"* Harvard Business Review Press, 2005년 7-8월.

4. 조쉬 타이런기엘, *"Tim Cook's Freshman Year,"* BusinessWeek, 2012년 12월 6일.

5. 메릴린 달링, 찰스 페리, 요세프 무어, *"Learning in the Thick of It,"* Harvard Business Review Press, 2005년 7-8월.

6. Ibid.

7. 하워드 스티븐스, *"The Leadership Paradox,"* Chief Learning Officer, 2012년 4월.

탁월한 전략이 미래를 창조한다

추천사

전략의 가이드라인을
익혀라

전략의 가이드라인을 익혀라

:: 세상에는 4종류의 기업이 있다. 첫째, 자신이 무엇을 모르는지조차 모른다. 둘째, 무엇을 모르는지는 안다. 셋째, 안다는 사실을 모른다. 넷째, 안다는 사실을 안다. 개인이나 조직의 수준을 평가하는 방법 중 하나다. 당신은 이 중 어디에 속하는가? 안타깝게도 많은 기업들이 아직도 첫째 단계에 머물고 있다는 사실이다. 그들은 더 나은 성과를 위해 어느 분야를 잘해야 하는지 잘 모르는 경우가 많다.

세상은 엄청난 속도로 변했지만 예전 방식대로 하면서 뭔가 나아지길 기대하고 있다. 정말 해야 할 일은 안 하고 하지 말아야 할 일을 열심히 하면서 자원을 낭비한다. 항상 중국 탓을 하고 불황 탓을 하고 대통령 탓만 한다. 그들에게 언제쯤 회사 살림 형편이 펴질 것으로 생각하는지, 중국이 언제쯤 사라질 것인지.

언제쯤 맘에 쏙 드는 대통령이 나타날 것으로 생각하는지 물어본다. 생전 그런 날이 오기는 요원할 것이다.

내가 취직했던 1980년대 초반과 현재의 상황은 엄청나게 다르다. 당시 잘 나갔던 기업들 중 지금은 사라진 회사가 부지기수다. 당시 삼성, 대우, 현대, LG는 모두 고만고만했다. 삼성전자는 그저 그런 회사였고 전자제품은 일제가 압도적 우위를 차지하고 있었다. 1980년대 유학을 마치고 돌아오면서 사온 소니 TV에 주위사람들은 모두 기가 죽을 정도였다.

지금은 어떤가? 삼성이 완벽한 승자가 되었다. 무엇보다 반도체 사업에 투자했기 때문이다. 반도체가 미래 산업의 쌀이라는 얘기를 들은 고 이병철 회장이 그쪽으로 방향을 잡은 것이 결정적이었다. 하지만 방향을 설정한 것만으로는 부족하다. 목적을 실행하기 위해 구체적인 목표로 나누고 석설한 전략을 세웠다. 연구원을 뽑고 경기도 기흥에 공장을 짓고 앞선 해외 기업과 연계해 기술 제휴를 하고 판로도 개척했다. 이를 실현하려면 무엇보다 사람과 돈이 필요했다. 고 이병철 회장은 기존 회사에서 직원들을 뽑아 반도체 쪽으로 돌렸다. 제일제당과 제일모직 등에서 번 돈을 여기에 쏟아 부었다.

처음에는 반대도 많았고 시행착오도 있었다. 언론에서는 "자신이 번 돈을 자신이 다 써버린다"라며 빈정거렸다. 하지만 그 결과 어떻게 되었는가? 삼성전자는 세계적인 조일류 기업으로 번노했고 내 한민국은 그 덕분에 잘 먹고 잘 살고 있다. 조직의 리더가 탁월한 전략가라야 기업이 성공할 수 있다는 증거다.

현재 우리 경제는 어려움을 겪고 있다. 이는 단순히 경기침체와

'경쟁자' 중국 때문만은 아니다. 핵심적인 이유는 세상은 변하는데 기존 제품과 프로세스로는 한계에 도달했기 때문이다. 이럴 때 필요한 것이 바로 전략이다. 전략이란 외부에 존재하는 기회와 내부의 역량을 연결하는 것이다. 하루가 다르게 변하는 세상에 맞추어 자신을 바꾸는 것을 말한다. 이 책은 전략의 개념을 명쾌히 정리해줄 뿐만 아니라 실행에 필요한 세부적인 방법론도 알려주는, 흔치 않은 책이다.

지속적으로 성공하는 기업은 열망이 강하고 장기적인 목적을 가지고 있다. 목적이란 무엇을 성취할 것인지에 대한 포괄적인 내용이다. 반도체 사업에 진출해 '전자산업의 최강자가 되자' 같은 것이 목적이다. 이에 반해 목표는 목적의 한 종류로 더 구체적이다. 언제까지 어떤 공장을 짓고 매출을 얼마나 올릴 것인지 정하는 것이다.

우리가 반도체 산업에서 승리한 이유 중 하나는 목표가 분명했기 때문이다. 반도체 산업은 우리 체질과 잘 맞았다. 반도체는 시간 싸움이다. 빨리 만드는 자가 승리한다. 우리 국민은 빨리빨리 사고 방식으로 무장되어 있다. 남들보다 먼저 뭔가를 해내는 데 도가 튼 사람들이다.

전략은 목적과 목표를 성취하기 위한 길이다. 핵심은 자원 배분이다. 제한된 시간, 돈, 인력으로 목표를 달성하는 법을 연구하는 데 있다. 전술은 전략을 실행하기 위한 구체적인 방법이다. 이중에서도 자원 배분이 가장 가슴에 와 닿는다. 우리는 항상 제한된 세상에 살고 있다. 돈도 시간도 공간도 제한되어 있다. 사람들은 흔히 제한된 상황을 괴로워한다. 제한만 풀리면 뭐든 할 것처럼 얘기하지만 격코 그렇지 않다. 사실 제한 덕분에 더 잘 살 수 있는 것이다. 모든 자원이 무제한이라면 전략, 전술은 필요 없다. 훌륭한 인재들을 왕창 데리고 무제한의 자금을 갖고 데드라인 없이 일하는데 무슨 전략이 필요하겠는가?

모든 것이 부족하고 치열한 경쟁 속의 우리에게 가장 필요한 것은 올바른 전략이다. 다음 질문에 답해보라. 여러분의 조직은 지금 잘 돌아가고 있는가? 시장을 어떻게 보고 있으며 그 시장을 공략할 전략은 있는가? 경쟁자는 누구이며 경쟁자와 어떤 차별화 전략이 있는가? 목표는 무엇이며 어떤 일에 시간을 쓰고 있는가? 미래에 여러분의 조직이 그리는 이상향은 어떤 모습인가? 지금 여러분은 어느 방향으로 나아가고 있는가? 그 방향으로 계속 나가면 여러분이 꿈꾸는 곳에 도달할 수 있다고 생각하는가?

나는 현실에 기반을 둔 전략을 좋아한다. 실현가능하고 구체적이고 손에 잡히는 전략이 좋다. 관념적이고 추상적인 것은 좋아하지 않는다. 이 책『탁월한 전략이 미래를 창조한다』는 독자들에게 제대로 된 전략의 가이드라인을 제공해준다. '기적을 위해서는 기도를 해야 하지만 결과를 위해서는 전략이 필요하다.' 나는 이 책이 그 길을 활짝 열어줄 것으로 믿으며 강력 추천하는 바이다.

한근태, Ph. D., MBA / 한스컨설팅 대표이사
서울과학종합대학원 교수, 저서:『일생에 한 번은 고수를 만나라』등 다수

Index

탁월한 전략이 미래를 창조한다

탁월한 전략이 미래를 창조한다

탁월한 전략이 미래를 창조한다

진성북스
도서목록

사람이 가진 무한한 잠재력을 키워가는 **진성북스**는
지혜로운 삶에 나침반이 되는 양서를 만듭니다.

앞서 가는 사람들의 두뇌 습관
스마트 싱킹

아트 마크먼 지음 | 박상진 옮김
352쪽 | 값 17,000원

숨어 있던 창의성의 비밀을 밝힌다!
인간의 마음이 어떻게 작동하는지 설명하고, 스마트해지는데
필요한 완벽한 종류의 연습을 하도록 도와준다. 고품질 지식
의 습득과 문제 해결을 위해 생각의 원리를 제시하는 인지 심
리학의 결정판이다! 고등학생이든, 과학자든, 미래의 비즈니
스 리더든, 또는 회사의 CEO든 스마트 싱킹을 하고자 하는
누구에게나 이 책은 유용하리라 생각한다.
- 조선일보 등 주요 15개 언론사의 추천
- KBS TV, CBS방영 및 추천

나의 잠재력을 찾는 생각의 비밀코드
지혜의 심리학

김경일 지음
302쪽 | 값 15,000원

창의적으로 행복에 이르는 길!
인간의 타고난 심리적 특성을 이해하고, 생각을 현실에서 실
행 하도록 이끌어주는 동기에 대한 통찰을 통해 행복한 삶을
사는 지혜를 명쾌하게 설명한 책. 지혜의 심리학을 선택한 순
간, 미래의 밝고 행복한 모습은 이미 우리 안에 다가와 가뿐
히 자리잡고 있을 것이다. 수많은 자기계발서를 읽고도 성장
의 목표를 이루지 못한 사람들의 필독서!
- KBS 1TV 아침마당〈목요특강〉 "지혜의 심리학"특강 출연
- YTN사이언스 〈과학, 책을 만나다〉 "지혜의 심리학"특강 출연
- 2014년 중국 수출 계약 | 포스코 CEO 추천 도서

세계 초일류 기업이 벤치마킹한
성공전략 5단계
승리의 경영전략

AG 래플리, 로저마틴 지음 | 김주권, 박광태, 박상진 옮김
352쪽 | 값 18,500원

전략경영의 살아있는 메뉴얼
가장 유명한 경영 사상가 두 사람이 전략이란 무엇을 위한 것
이고, 어떻게 생각해야 하며, 왜 필요하고, 어떻게 실천해야
할지 구체적으로 설명한다. 이들은 100년 동안 세계 기업회생
역사에서 가장 성공적이라고 평가 받고 있을 뿐 아니라, 직접
성취한P&G의 사례를 들어 전략의 핵심을 강조하고 있다.
- 경영대가 50인(Thinkers 50)이 선정한 2014 최고의 책
- 탁월한 경영자와 최고의 경영 사상가의 역작
- 월스트리스 저널 베스트 셀러

백만장자 아버지의 마지막 가르침
인생의 고난에
고개 숙이지 마라

마크 피셔 지음 | 박성관 옮김 | 307쪽 | 값 13,000원

아버지와 아들의 짧지만 아주 특별한 시간
눈에 잡힐 듯 선명한 성공 가이드와 따뜻한 인생의 멘토가 되
기 위해 백만장자 신드롬을 불러 일으켰던 성공 전도사 마크
피셔가 돌아왔다. 실의에 빠진 모든 이들을 포근하게 감싸주
는 허그 멘토링! 인생의 고난을 헤쳐가며 각박하게 살고 있는
청춘들에게 진정한 성공이 무엇인지, 또 어떻게 하면 그 성공
에 도달할 수 있는지 감동적인 이야기를 통해 들려준다.
- 중앙일보, 동아일보, 한국경제 추천 도서
- 백만장자 시리즈의 완결판

감성의 시대, 왜 다시 이성인가?
이성예찬

마이클 린치 지음 | 최훈 옮김
323쪽 | 값 14,000원

세계적인 철학 교수의 명강의
궤기와 토론자는 신념을 왜 믿어서는 안 되는가! 현대의 분
학적 정치적 지형에서 욕설, 숭수, 위협이 더 효쿄저인데도
왜 합리적인 설명을 하려고 애써야 하는가? 마이클 린치의
'이성예찬'은 이성에 대한 회의론이 이렇게 널리 받아들여지
는 시대에 오히려 이성과 합리성을 열성적으로 옹호한다.
- 서울대학교, 연세대학교 저자 특별 초청강연
- 조선, 중앙, 동아일보, 매일경제, 한국경제 등 특별 인터뷰

"이 검사를 꼭 받아야 합니까?"
과잉진단

길버트 웰치 지음 | 홍영준 옮김
391쪽 | 값 17,000원

병원에 가기 전 꼭 알아야 할 의학 지식!
과잉진단이라는 말은 아무도 원하지 않는다. 이는 걱정과 과
잉진료의 긴고리 뿐 개인에게 이무 해택도 없다. 하버드대 출
신의사인 저자는, 의사들의 진단욕심에 비롯된 과잉진단의
문제점과 과잉진단의 합리적인 이유를 함께 제시함으로써 질
병예방의 올바른 패러다임을 전해준다.
- 한국출판문화산업 진흥원「이달의 책」선정도서
- 조선일보, 중앙일보, 동아일보 등 주요 언론사 추천

불꽃처럼 산 워싱턴 시절의 기록
최고의 영예

콘돌리자 라이스 지음 | 정윤미 옮김
956쪽 | 값 25,000원

세계 권력자들을 긴장하게 만든 8년간의 회고록

"나는 세계의 분쟁을 속속들이 파악하고 가능성의 미학을 최대한 적용했다. 현실을 직시하며 현실적인 방안을 우선적으로 선택했다. 이것은 수년간 외교 업무를 지휘해온 나의 업무 원칙이었다. 나에 평가는 역사에 밀겨 두이야 한다. 여시의 판난을 기꺼이 받아 들일 것이다. 적이도 내게 소신껏 행동할 수 있는 기회가 주어진 것에 감사할 따름이다."

- 제 66대 최초 여성 미 국무 장관의 특별한 자서전
- 뉴욕타임스, 워싱턴포스트, 월스트리트 저널 추천 도서

색다른 삶을 위한 지식의 향연
브레인 트러스트

가스 선뎀 지음 | 이현정 옮김
350쪽 | 값 15,000원

재미있고 행복하게 살면서 부자 되는 법!

노벨상 수상자, 미국 국가과학상 수상자 등 세계 최고의 과학자들이 들려주는 스마트한 삶의 비결. 일상에서 부딪히는 다양한 문제에 대해서 신경과학, 경제학, 인류학, 음악, 수학 등 여러 분야의 최고 권위자들이 명쾌하고 재치있는 해법을 제시하고 있다. 지금 당장 93인의 과학자들과 함께 70가지의 색다른 지식에 빠져보자!

- 즐거운 생활을 꿈꾸는 사람을 위한 책
- 93인의 과학자들이 제시하는 명쾌한 아이디어

학대와 고난, 극복과 사랑 그리고 승리까지
감동으로 가득한 스포츠 영웅의 휴먼 스토리
오픈

안드레 애거시 지음 | 김현정 옮김 | 614쪽 | 값 19,500원

시대외 이단아가 던지는 격정적 삶의 고백!

남자 선수로는 유일하게 골든 슬램을 달성한 안드레 애거시. 테니스 인생의 정상에 오르기까지와 파란만장한 삶의 여정이 서정적 언어로 독자의 마음을 자극한다. 최고의 스타 선수는 무엇으로, 어떻게, 그 자리에 오를 수 있었을까? 또 행복하지만은 않았던 그의 테니스 인생 성장기를 통해 우리는 무엇을 배울 수 있을까. 안드레 애거시의 가치관과 생각을 읽을수 있다.

- Times 등 주요 13개 언론사 극찬, 자서전 관련분야 1위 (아마존)
- "그의 플레이를 보며 나는 꿈을 키웠다!" – 국가대표 테니스 코치 이형택

세계 초일류 기업이 벤치마킹한
성공전략 5단계

승리의 경영전략

AG 래플리, 로저마틴 지음
김주권, 박광태, 박상진 옮김
352쪽 | 값 18,500원

이 책은 전략의 이론만을 장황하게 나열하지 않는다. 매일 치열한 생존경쟁이 벌어지고 있는 경영 현장에서 고객과 경쟁자를 분석하여 전략을 입안하고 실행을 주도하였던 저자들의 실제 경험과 전략 대가들의 이론이 책 속에서 생생하게 살아 움직이고 있다. 혁신의 아이콘인 A.G 래플리는 P&G의 최고책임자로 다시 돌아왔다. 그는 이 책에서 P&G가 실행하고 승리했던 시장지배의 전략을 구체적으로 보여 줄 것이다. 생활용품 전문기업인 P&G는 지난 176년간 끊임없이 혁신을 해왔다. 보통 혁신이라고 하면 전화기, TV, 컴퓨터 등 우리 생활에 커다란 변화를 가져오는 기술이나 발명품 등을 떠올리곤 하지만, 소소한 일상을 편리하게 만드는 것 역시 중요한 혁신 중에 하나라고 할 수 있다. 그리고 그러한 혁신은 체계적인 전략의 틀 안에서 지속적으로 이루어질 수 있다. 월 스트리트 저널, 워싱턴 포스트의 베스트셀러인 〈Plating to Win: 승리의 경영전략〉은 전략적 사고와 그 실천의 핵심을 담고 있다. 리플리는 10년간 CEO로서 전략 컨설턴트인 로저마틴과 함께 P&G를 매출 2배, 이익은 4배, 시장가치는 100조 이상으로 성장시켰다. 이 책은 크고 작은 모든 조직의 리더들에게 대담한 전략적 목표를 일상 속에서 실행하는 방법을 보여주고 있다. 그것은 바로 사업의 성공을 좌우하는 명확하고, 핵심적인 질문인 '어디에서 사업을 해야 하고', '어떻게 승리할 것인가'에 대한 해답을 찾는 것이다.

- 경영대가 50인(Thinkers 50)이 선정한 2014 최고의 책
- 탁월한 경영자와 최고의 경영 사상가의 역작
- 월스트리스 저널 베스트 셀러

새로운 시대는 逆(역)으로 시작하라!

콘트래리언

이신영 지음 | 408쪽 | 값 17,000원

위기극복의 핵심은 역발상에서 나온다!
세계적 거장들의 삶과 경영을 구체적이고 내밀하게 들여다본 저자는 그들의 성공핵심은 많은 사람들이 옳다고 추구하는 흐름에 '거꾸로' 갔다는 데 있음을 발견했다. 모두가 실패를 두려워할 줄 알았고, 모두가 아니라고 말하는 아이디어를 성공적인 아이디어로 발전시켰으며 최근 15년간 3대 악재라 불린 위기 속에서 기회를 찾아 성공을 거뒀다.

● 한국출판문화산업 진흥원 '이달의 책' 선정도서
● KBS1 라디오 〈오한진 이정민의 황금사과〉 방송

백 마디 불통의 말, 한 마디 소통의 말

당신은 어떤 말을 하고 있나요?

김종영 지음 | 248쪽 | 값 13,500원

리더십의 핵심은 소통능력이다. 소통을 체계적으로 연구하는 학문이 바로 수사학이다. 이 책은 우선 사람을 움직이는 힘, 수사학을 집중 조명한다. 그리고 소통의 능력을 필요로 하는 우리 사회의 리더들에게 꼭 필요한 수사적 리더십의 원리를 제공한다. 더 나아가서 수사학의 원리를 실제 생활에 어떻게 적용할 수 있는지 일러준다. 독자는 행복한 말하기와 아름다운 소통을 체험할 것이다.

● SK텔레콜 사보 〈Inside M〉인터뷰
● MBC라디오 〈라디오 북 클럽〉 출연
● 매일 경제, 이코노믹리뷰, 경향신문 소개
● 대통령 취임 2주년 기념식 특별연설

실력을 성공으로 바꾸는 비결

리더의 존재감은 어디서 오는가

실비아 앤 휴렛 지음 | 황선영 옮김
308쪽 | 값 15,000원

이 책은 조직의 사다리를 오르는 젊은 직장인과 리더를 꿈꾸는 사람들이 시급하게 읽어야 할 필독서이다. 더이상 서류상의 자격만으로는 앞으로 다가올 큰 기회를 잡을 수 없다. 사람들에게 자신감과 신뢰성을 보여주는 능력, 즉 강력한 존재감이 필요하다. 여기에 소개되는 연구 결과는 읽을거리가 많고 생생한 이야기와 신빙성 있는 자료로 가득하다. 실비아 앤 휴렛은 이 책을 통해 존재감을 완벽하게 드러내는 비법을 전수한다.

10대들을 위한 심리 에세이

땅땅 심리학이 보낸 톡

김가현, 신애경, 정수경, 허정현 지음
195쪽 | 값 11,000원

이 책은 수많은 사용 설명서들 가운데 하나이다. 대한민국의 학생으로 살아가는 여러분의 사용 설명서이기도 하다. 오르지 않는 성적은 우리 내면의 어떤 문제 때문인지, 어떤 버튼을 누르면 되는지, 매일매일 일어나는 일상 속에 숨겨진 버튼들을 보여 주고자 한다. 책의 마지막 장을 덮은 후에는 당신의 삶에도 버튼이 보이기 시작할 것이다.

● 저자 김가현 - 미국 스탠퍼드 대학교 입학
● 용인외고 여학생 4명이 풀어 놓는 청춘의 심리와 그 해결책!

비즈니스 성공의 불변법칙
경영의 멘탈모델을 배운다!

퍼스널 MBA

조쉬 카우프만 지음 | 이상호, 박상진 옮김
756쪽 | 값 25,000원

"MASTER THE ART OF BUSINESS"
비즈니스 스쿨에 발을 들여놓지 않고도 자신이 원하는 시간과 적은 비용으로 비즈니스 기술을 익히거나 효과적인 방법을 가르쳐 주고 있다. 실제 비즈니스의 운영, 개인의 생산성 극대화, 그리고 성과를 높이는 스킬을 배울 수 있다. 이 책을 통해 경영학을 마스터하고 상위 0.01%에 속하는 부자가 되는 길을 따라가 보자.

● 아마존 경영 & 리더십 트레이닝 분야 1위
● 미국, 일본, 중국 베스트 셀러
● 경영 명저 100권을 녹여 놓은 책

무엇이 평범한 사람을 유명하게 만드는가?

폭스팩터

앤디 하버마커 지음
곽윤정, 이현응 옮김 | 265쪽 | 값 14,000원

무의식을 조종하는 매혹의 기술
오제이 심슨, 오펜하이머, 폴 포츠, 수전 보일… 논리가 전혀 먹히지 않는 미디어 신동의 세계. 이는 폭스팩터가 우리의 무의식을 교활하게 점령하고 있기 때문이다. 1%셀러브리티들의 전유물처럼 여겨졌던 행동 설계의 비밀을 일반인들도 누구나 배울 수 있다. 전 세계 스피치 전문가를 매료시킨 강력한 커뮤니케이션기법소통으로 고민하는 모든 사람들에게 강력 추천한다.

● 폭스팩터는 자신을 드러내기 위해 반드시 필요한 무기
● 조직의 리더나 대중에게 어필하고자 하는 사람을 위한 필독서

새로운 리더십을 위한 지혜의 심리학

이끌지 말고 따르게 하라

김경일 지음 | 324쪽 | 값 15,000원

이 책은 '훌륭한 리더', '존경받는 리더', '사랑받는 리더'가 되고 싶어 하는 모든 사람들을 위한 책이다. 요즘 사회에서는 존경보다 질책을 더 많이 받는 리더들의 모습을 쉽게 볼 수 있다. 저자는 리더십의 원형이 되는 인지심리학을 바탕으로 바람직한 리더의 모습을 하나씩 밝혀준다. 현재 리더의 위치에 있는 사람뿐만 아니라, 앞으로 리더가 되기 위해 노력하고 있는 사람이라면 인지심리학의 새로운 접근에 공감하게 될 것이다. 존경받는 리더로서 조직을 성공시키고, 나아가 자신의 삶에서도 승리하기를 원하는 사람들에게 필독을 권한다.

30초 만에 상대의 마음을 사로잡는

스피치 에센스

제러미 도노반, 라이언 에이버리 지음
박상진 옮김 | 348쪽 | 값 15,000원

타인들을 대상으로 하는 연설의 가치는 개별 청자들의 지식, 행동 그리고 감정에 끼치는 영향력에 달려있다. 토스마스터즈 클럽은 이를 연설의 '일반적 목적'이라 칭하며 연설이라면 다음의 목적들 중 하나를 달성해야 한다고 규정하고 있다. 지식을 전달하고, 청자를 즐겁게 하는 것은 물론 나아가 영감을 불어넣을 수 있어야 한다. 이 책은 토스마스터즈인 제러미 도노반과 대중연설 챔피언인 라이언 에이버리가 강력한 대중연설의 비밀에 대해서 말해준다.

경쟁을 초월하여 영원한 승자로 가는 지름길

탁월한 전략이 미래를 창조한다

리치 호워드 지음 | 박상진 옮김 | 값 17,000원

이 책은 혁신과 영감을 통해 자신들의 경험과 지식을 탁월한 전략으로 바꾸려는 리더들에게 실질적인 프레임워크를 제공해준다. 저자는 탁월한 전략을 위해서는 새로운 통찰을 결합하고 독자적인 경쟁 전략을 세우고 헌신을 이끌어내는 것이 중요하다고 강조한다. 나아가 연구 내용과 실제 사례, 사고모델, 핵심 개념에 대한 명쾌한 설명을 통해 탁월한 전략가가 되는 데 필요한 핵심 스킬을 만드는 과정을 제시해준다.

"비즈니스의 성공을 위해 꼭 알아야하는 경영의 핵심지식"

퍼스널 MBA

조쉬 카우프만 지음
이상호, 박상진 옮김
756쪽 | 값 25,000원

지속가능한 성공적인 사업은 경영의 어느 한 부분의 탁월성만으로는 불충분하다. 이는 가치창조, 마케팅, 영업, 유통, 재무회계, 인간의 이해, 인적자원 관리, 전략을 포함한 경영관리 시스템 등 모든 부분의 지식과 경험 그리고 통찰력이 갖추어 질 때 가능한 일이다. 그렇다고 그 방대한 경영학을 모두 섭렵할 필요는 없다고 이 책의 저자는 강조한다. 단지 각각의 경영원리를 구성하고 있는 멘탈모델(Mental Model)을 제대로 익힘으로써 가능하다.

세계 최고의 부자인 빌게이츠, 워런버핏과 그의 동업자 찰리 멍거(Charles T. Munger)를 비롯한 많은 기업가들이 이 멘탈모델을 통해서 비즈니스를 시작하고, 또 큰 성공을 거두었다. 이 책에서 제시하는 경영의 핵심개념 248가지를 통해 독자들은 경영의 멘탈모델을 습득하게 된다.

필자는 지난 5년간 수천 권이 넘는 경영 서적을 읽었다. 수백 명의 경영 전문가를 인터뷰하고, 포춘지 선정 세계 500대 기업에서 일을 했으며, 사업도 시작했다. 그 과정에서 배우고 경험한 지식들을 모으고, 정제하고, 잘 다듬어서 몇 가지 개념으로 정리하게 되었다. 이들 경영의 기본 원리를 이해한다면, 현명한 의사결정을 내리는 데 유익하고 신뢰할 수 있는 도구를 얻게 된다. 이러한 개념들의 학습에 시간과 노력을 투자해 마침내 그 지식을 활용할 수 있게 된다면, 독자는 어렵지 않게 전 세계 인구의 상위 1% 안에 드는 탁월한 사람이 된다. 이 책의 주요내용은 다음과 같다.

- 실제로 사업을 운영하는 방법
- 효과적으로 창업하는 방법
- 기존에 하고 있던 사업을 더 잘 되게 하는 방법
- 경영 기술을 활용해 개인적 목표를 달성하는 방법
- 조직을 체계적으로 관리하여 성과를 내는 방법

성과기반의 채용과 구직을 위한 가이드
절대로 실패하지 않는 면접의 기술 (가제)

루 애들러 지음 | 이병철 옮김 | 값 15,000원

기업에서 좋은 인재란 어떤 사람인가? 많은 인사담당자는 스펙만 보고 채용하다가는 낭패당하기 쉽다고 말한다. 최근 전문가들은 성과기반채용 방식에서 그 해답을 찾는다. 이는 개인의 역량을 기초로 직무에서 성과를 낼 수 있는 요인을 확인하고 검정하는 면접이다. 이 책은 세계의 수많은 일류 기업에서 시도하고 있는 성과기반채용에 대한 개념, 프로세스, 그리고 실행방법을 다양한 사례로 설명하고 있다. 채용담당자나 리쿠르트에게 직무에 적합한 최고의 인재를 찾고 채용하는 방법을 알려줄 것이다. 또한 구직자에게는 기업이 원하는 인재상에 대한 내막을 알려줌으로써 더 좋은 일자리를 구하는 데 직접적인 도움을 줄 것이다.

혁신으로 성장과 변화를 주도하는
신제품 개발의 성공전략 (가제)

로버트 쿠퍼 지음 |
류강석, 신동영, 박상진 옮김 | 값 25,000원

오늘날 비즈니스 환경에서 진정한 혁신과 신제품개발은 중요한 도전과제이다. 하지만 대부분의 기업들에게 야심적인 혁신은 보이지 않는다. 이 책의 저자는 제품혁신의 핵심성공요인이자 세계최고의 제품개발프로세스인 스테이지-게이트(Stage-Gate®)에 대해 강조한다. 아울러 올바른 프로젝트 선택 방법과 스테이지-게이트 프로세스를 활용한 신제품개발 성공 방법에 대해서도 밝히고 있다. 또한, 아이디어를 신제품 출시로 연결시키고, 제품 포트폴리오 전략과 자원을 효과적으로 분배하는 방법에 대해서도 자세히 설명한다. 신제품은 기업번영의 핵심이다. 이러한 방법을 배우고 기업의 실적과 시장 점유율을 높이는 대담한 혁신을 성취하는 것은 담당자, 관리자, 경영자의 마지노선이다.

세계 최초로 뇌과학을 통해 들여다 본 반려견의 생각
반려견은 인간을 정말 사랑할까? (가제)

조지 번스 지음 | 김신아 옮김 | 값 17,000원

순종적이고, 충성스럽고, 애정이 있는 강아지들은 우리에게 있어서 최고의 친구이다. 그럼 과연 개들은 우리가 사랑하는 방법처럼 인간을 사랑할까? 수십 년 동안 인간의 뇌에 대해서 연구를 해 온 에모리 대학교의 신경 과학자인 조지 번스가 강아지들이 우리를 얼마나, 어떻게 사랑하는지에 대한 비밀을 과학적인 방법으로 들려준다.

삼성의 현재와 미래 (가제)

박광태, 박상진 지음 | 값 17,000원

삼성의 성공 DNA 분석과 지속적 성공의 조건
초우량기업, 삼성에게 무엇을 배울 것인가? 지금까지 나온 삼성의 성공비결의 핵심을 정리하고 앞으로 다가올 미래에 우리나라 기업의 생존전략은 어떠해야 하는지를 구체적으로 분석한다. 이는 국가발전의 핵심인 기업의 혁신과 경쟁우위 확보에 시금석이 될 것이다.

당신은 어떤 글을 쓰고 있나요? (가제)

황성근 지음 | 값 13,500원

글쓰기는 인간의 기본 능력이자 자신의 능력을 발휘하는 핵심적인 도구이다. 글을 아무렇게나 잘 쓸 수 없다. 좋은 글을 많이 읽고 체계적인 연습이 필요하다. 이 책에서는 기본원리와 구성 나아가 활용수준까지 글쓰기의 모든 것을 다루고 있다. 이 책은 지금까지 자주 언급되고, 무조건적으로 수용되는 기존의 글쓰기 이론은 아예 무시하였다. 실제 글쓰기를 하는 데 꼭 필요하고, 글쓰기를 할 때 반드시 알고 있어야 할 내용만을 담았다.

글로벌 인재를 위한 전략적 사고법 (가제)

시오노 마코토 지음 | 값 15,000원

이 불확실한 시대에 젊은 시절부터 어디서든 통용되는 서바이벌 기술을 익히기! 많은 이들이 '그로페니얼', '글로벌 엘리트'의 필요성을 외치는 지금 정신론이나 커리어 부류에 그치지 않고 '실제로 어떻게 트레이닝 해야 하는가'에 포커스를 맞춘 비즈니스 트레이닝서. '명함 교환에서부터 승부는 시작된다', '프레젠테이션은 결론을 먼저, 대화에 반드시 숫자를 넣는다' 등 100% 성과를 내는 '사고'와 '행동'의 기술을 투자은행, 전략계 컨설팅을 경험한 전략가가 전수한다.

진성북스 회원으로
여러분을 초대합니다!

진성북스 공식카페
http://cafe.naver.com/jinsungbooks

혜택 1

» 회원 가입 시 진성북스 도서 1종을 선물로 드립니다.

혜택 2

» 진성북스에서 개최하는 강연회에 가장 먼저
초대 드립니다.

혜택 3

» 진성북스 신간도서를 가장 빠르게 받아
보실 수 있는 서평단의 기회를 드립니다.

혜택 4

» 정기적으로 다양하고 풍부한 이벤트에
참여하실 수 있는 기회를 드립니다.

- 홈페이지 : www.jinsungbooks.com
- 블 로 그 : blog.naver.com/jinsungbooks
- 페이스북 : www.facebook.com/jinsungbooks

– 문   의 : 02) 3452-7762

옮긴이 **박상진**

고려대학교 경영전문대학원 석사(MBA) 과정을 졸업하고 현재 진성과학(주) 대표이사로 재직 중이다. 1996년 창업한 (주)진성메디텍은 '혁신형 중소기업'에 선정되었고 우리나라의 진단의료산업 발전에 기여했다. 경영이론을 실무에 효과적으로 적용해 좋은 경영 성과를 얻었고 전략과 국제경영에 대한 연구도 이어가고 있다. 번역한 책으로 창의적 생각의 원리를 규명한 『스마트 싱킹』, 전략경영의 이론과 실제를 정리한 『승리의 경영전략』(공역), 경영 전반의 실무 이론을 집대성한 『퍼스널 MBA』(공역), 그리고 대중연설 능력을 획기적으로 키워주는 『스피치 에센스』가 있다. 기업의 지속적 성공을 이끄는 데 필수적인 전략경영, 리더십 향상, 인적자원 개발, 신제품 개발 그리고 마케팅 관련 핵심 서적을 소개하고 있다. 나아가 국립암센터 국가 암퇴치 사업과 서울대병원 암병동 건립에 기부하는 등 CSR에도 적극적으로 동참하고 있다. 그는 우리나라가 하루 빨리 행복한 선진국이 되는 데 일조하길 꿈꾼다.

탁월한 전략이 미래를 창조한다

초판 1쇄 발행 2015년 11월 11일

지은이 리치 호워드

펴낸이 박상진
편집 김제형
관리 황지원
디자인 twoesdesign

펴낸곳 진성북스
출판등록 2011년 9월 23일
주소 서울특별시 강남구 영동대로 85길 38 진성빌딩 10층
전화 02)3452-7762
팩스 02)3452-7761
홈페이지 www.jinsungbooks.com

ISBN 978-89-97743-19-3 03320

※ 진성북스는 여러분들의 원고 투고를 환영합니다.
　책으로 엮기를 원하는 좋은 아이디어가 있으신 분은
　이메일(jinsungbooks12@gmail.com)로
　간단한 개요와 취지, 연락처 등을 보내 주십시오.
　당사의 출판 컨셉에 적합한 원고는 적극적으로 책을 만들어 드리겠습니다!

※ 진성북스 네이버 카페에 회원으로 가입하는 분들에게
　다양한 이벤트와 혜택을 드리고 있습니다.

• **진성북스 공식 카페** http://cafe.naver.com/jinsungbooks